自卑与超越

[奥]阿弗雷德·阿德勒 著

郑和生 译

百花洲文艺出版社

图书在版编目（CIP）数据

自卑与超越 / （奥）阿弗雷德·阿德勒著；郑和生译. --南昌：
百花洲文艺出版社，2020.12
ISBN 978-7-5500-3988-9

Ⅰ. ①自… Ⅱ. ①阿… ②郑… Ⅲ. ①个性心理学
Ⅳ. ①B848

中国版本图书馆CIP数据核字(2020)第266808号

自卑与超越

［奥］阿弗雷德·阿德勒 著

出 版 人	章华荣
责任编辑	杨 旭
书籍设计	亿德隆
制 作	亿德隆
出版发行	百花洲文艺出版社
社 址	南昌市红谷滩新区世贸路898号博能中心一期A座20楼
邮 编	330038
经 销	全国新华书店
印 刷	三河市天润建兴印务有限公司
开 本	880mm×1320mm 1/32 印张 10
版 次	2021年5月第1版第1次印刷
字 数	280千字
书 号	ISBN 978-7-5500-3988-9
定 价	39.80元

赣版权登字 05-2019-426

目　录

第一章　生命的意义

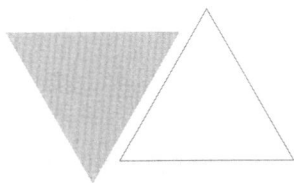

因此，无论是谁也没法拥有绝对正确的关于生命的意义，但同时，只要是人所定义的生命意义，就不会是完全谬误的。

1. 生活的意义

　　人类生活于"意义"之中。人所体验的不是抽象的事物，同时也不是纯粹的事物，这些事物受制于人的需要与经验。人与事物之间的关系，从一开始就是这样的。"木头"是指"与人有关的木头"，"石头"指的是"作为人类生活要素之一的石头"。脱离意义，想要生活在一个纯粹的环境下，只会给自己带来不幸。因为这样一来就把自己与其他人隔离起来了。他的行为对自己、对他人都毫无作用。人们会这样说：这个人的行为没有意义。人总是从自己的需要和目的出发，通过赋予意义来感受外部事物的。因此，人感受的不是世界本身，而是被他解释过的世界。这样的世界不可能是完整的，不可避免地存在偏差或错误。由此可以得出这样的结论：人类生活在其中的意义领域是一个充满错误的领域。

　　我们可以试着这样去问某个人"生命的意义是什么？"，他们很可能无法回答。通常情况下，大多数人是不会意识到这样的问题，更不会主动去思考这样的问题的。如果一定要回答，也会是一些含义不明确的老生常谈。但事实上，这个问题从人类诞生那天起就出现了。在我们的时代，年轻人——年长一些的人也一样——经常也会有这样的疑问——为什么活着？生命的意义是什么？不过可以断言，人只有在遭受到挫折时，才会发出这样的疑问。当一切都顺利，人的生活没有遇到阻碍和困难时，这个问题是不会以言语的方式被提出来的，这个问题和对它的回答，会通过人在日常生活中慢慢体现并逐步得到解答。如果不受言辞的迷惑，而是去观察具体的行为，就不难发现：每个人都有自己的"生活意义"，这种意义会体现在姿态、态度、动作、神情、礼节、习惯、企图等等上，这些具体行为无不都是遵循着这个意义的。一个人的所作所为告诉我们，他对自己对生活的理解深信不疑，他的一举一动甚至一个表情都在告诉他人："我就是这样的，宇宙万物也就是这个样子。"这正是这个人赋予自己及生命的意义。

这也就是说，有多少人就有多少种关于生命的意义。我们也说过，任何一种意义都有可能包含着错误的成分。因此，无论是谁也没法拥有绝对正确的关于生命的意义，但同时，只要是人所定义的生命意义，就不会是完全谬误的。所有意义都是处在对与错之间，而且人还拥有判断的能力，能分辨这些意义的好与坏、错与对，以及好坏对错的程度，并发现那些较好的意义的共性，较差的意义差在哪里。这样，我们就可以得出较为科学的"生命意义"，得出一个关于生命意义的公共尺度，用来衡量跟我们人类相关的现实的"意义"。在此我们必须牢记，这里的"真实"是与人类有关的"真"，是与人类的目的与计划相关的真。除此之外，没有别的什么"真实"或被称为真理的东西，即使是有，那也是跟人类无关的。

2. 人的三种限定

每个人都受制于三种限定，对于这三种限定我们每个人都随时要有所意识。是它们构成了人所处的现实环境，也正是它们制造了人所面临的各种问题。由于这些问题总是纠缠着我们每个人，迫使我们不得不做出回应，这样的回应也就构成了一个人对生命意义的属于自己的看法。

首先，我们生活在地球这颗小小的星球上，不可能再有别的去处。我们唯一的生存方式就是在这个限定下，尽可能多地利用它所提供的资源来保证我们的生存与发展。为此我们必须要不断发展我们的身心，以确保自己和人类的未来得以持续。这是一个面向所有人提出的挑战，需要每个人都参与应对，谁也不可能逃避。鉴于此，无论我们做什么，都会是代表全体人类对生存境况做出的回应。这样的回应展现了在我们心中什么是必要、适度、可能和有价值的。这些回应同时也受限于这样一个事实，那就是"我们属于人类"，"我们栖居在地球上"。

考虑到人类生理上天生的脆弱性，以及所居住环境存在着的不安全性因素，可以得出这样的结论，那就是为了我们自己和全体人类，我们每个人都要勇于给出答案，并努力使得这些答案具有前瞻性并能保持一惯性。这就像一道数学难题，正确的解答无法依靠运气与猜测，只能来自苦思冥想，来自坚定的信心与不懈的努力。很可能最终还是无法一劳永逸地得出完美的解答，但只要我们足够坚韧、足够有耐心，就能不断接近完美的解答。对于我们生命这道难题，我们必须做出不懈的努力，以寻求到最接近完美的答案。同时还必须注意到这样一个事实——我们受制于我们居住的地球这颗小小的星球。这颗星球既给予了我们很多有利的条件，也给我们造成了诸多不利。

其次：没有人是唯一的，每个人都生活在人群中，并与其他人息息相关。一个人活着，就不可能不与其他人发生联系。个人的局限性决定了每个人都无法独自达到自己的目的。如果一个人只是考虑自己的利益，只想一个人生活，那么他既无法延续自己的生命，也无法延续人类的生命。要生存，就必须接受这样的限定：我们都是人类的一员，和所有的人一起生活在地球上。

再次：人类的构成是存在性别差异的。个体与整体都无法忽视这个事实。爱情与婚姻正是来自这种限定。这是每一个人，无论是男还是女都无法避免地需要给出回答的。人类在这个限定下的所作所为，就是对这个限定的最好回答。人们可以选择各种方式，他们的选择往往就是他们所认可的最佳方法。

3. 人的社会属性

以上三种限定构成了三个基本问题：个人的职业选择，决定我们在地球天然的限制下得以生存；如何获取在群体中的位置，使得我们能通过合作来分享其所带来的利益；如何调整自己去适应人类的两性，而人类的延续和发展必须依赖两性的合作，也就是爱情与婚姻这一事实。

个体心理学（individual psychology）发现，人的生活所面临的诸多问题，都可以归纳为以下三个主要问题：职业、社会与性。任何一个人在对这三个问题做出回应时，都会显著地表明他对生活的意义的深层次的理解。对此我们可以举例说明，例如一个人的爱情生活不顺利，对自己的职业也无法尽心尽力，朋友也很少，他还感觉到在跟同伴相处时很痛苦。由此我们可以认为，由于他的生活中存在着这些限制，他一定会认为"活着"是一件很难也很痛苦的事，这个人经受过太多的挫折，却很少有机会去解决。通过这样的感受，他就会得出自己的活动方式与范围，他会认为，生活的意义就是保护自己不受伤害，为了这个目的，就要尽可能地避免与他人的接触。而反过来我们假定一个人有着美好和谐的爱情生活，他的工作也很顺利，朋友也很多，有着很广阔的人脉。那么可以断言，这个人对生活的感受一定会是这样的：生活是多样性并富于创造的过程，存在着很多的机会与可能，没有不能克服的困难。这样这个人对生活意义的定义就会是：生活的意义是来自同伴的交往，是作为群体的一员，并对人类共同的幸福做出自己的贡献。

由此我们可以看到各种不正确的"生活的意义"的共同特点，以及正确的"生活的意义"的共同特点。所有生活的失败者——精神心理疾病患者、罪犯、酗酒者、问题少年、自杀者、堕落者、娼妓——之所以失败，无不是因为这些人缺乏基本的归属感与社会兴趣。这类人不信任他人，不相信可以通过合作来解决所遇到的职业、人与人的关系以及性的问题。生活对于他们仅仅是个人的问题，因此他们对生活意义的认定就会是：没有人能从实现目标中得到好处，兴趣只是自己的事情。他们所争取的只是个人虚假的优越感，他们认为的成功也只对自己有意义。当一个谋杀犯手握一瓶毒药时，很可能可以体会到权力感，但也只能让自己相信自己是重要的，在他人的眼中，这瓶毒药并没有让他显得更重要。这也就是说，只属于一个人的意义等于毫无意义，意义只产生在人与人的互动过程中。这就像那些只被一个人理解的词语不能算作词语一样。人的目标与行为也是如此，它们的意义只能是对他人产生的效果。在生活中，每个人都会本能地想要突出自己的重要性，但如果无法认识到人的重要性是来自一个人对他人的作用，那么这个人就会步入迷途。

我听过这样一个故事，是关于一个小的宗教团体的领袖的。

有一天这位领袖召集起她的信徒们，告诉他们世界末日将会在下周星期三来临。于是她的信徒们卖掉了自己所有的财产，放弃了一切，开始紧张地等待这一时刻的到来。结果可想而知，星期三到了，但什么也没有发生。于是，到了星期四，有些人就汇聚起来去找这位宗教领袖。这些人说："看看我们吧，我们放弃了一切，不顾别人的嘲笑，因为我们认为我们的消息来自最可靠、最有权威的人。现在星期三已经过去，为什么世界末日并没有到来呢？"而这位女士回答说："我说的星期三，并不是你们的星期三！"

她的行为告诉我们，任何只属于自己个人的定义都是不可靠的。

任何真正的"生活的意义"都有一个显著的标志，那就是它们无不都是属于群体共同认可的，是能够被分享的。一种能为自己解决生活问题的好方法，如果无法同时也帮助他人解决类似的问题，那就不会是真正有意义的方法。即使是天才人物，无论其多么了不起，也只能通过被别人来认定才能成为天才。这也就是说，生活的意义只有在团体中才能得到体现。我们这里所说的不是职业动机。我们不管职业，只在意效果。那些能很好地应付生活中出现问题的人，他的言行给我们的印象是这样的：生活的意义出现在对他人的兴趣与互动合作过程中。他的一言一行都受到同伴的影响与引导，在遇到困难时，他会尽量采取避免与他人利益发生冲突的方式。

上述观点对很多人说来，都会有点质疑。人们会怀疑自己生活的意义是体现在自己对他人做出的奉献中，体现在与他人的合作与互助上。有人也许会这样问："对我自己，我又该做些什么？如果一味地考虑他人，为别人的利益做贡献，难道不会损害到自己的利益，让自己感到痛苦吗？一个人想要发展，是不是应该也为自己多着想一下？难道我们不应该学会保护自己的利益吗？"这样的质疑的提出，实际上是立足于一个错误的前提。如果一个人把对他人的贡献作为自己生活的意义的一个重要因素，并且他的情感也都倾向于这个因素，他就自然会促成自己成为最有贡献的形态。他会为了这种目的调整自己，会根据这种需要来锻炼自己掌握各种必要的技巧。认定目标后，他就会自动开始相应的学习过程。随着时间的推移，他就会变得充实起来，并能很好地处理职业、社会和性这三个生活问题。我们就以爱情与婚姻作为例子来阐明这点。如果我们深爱着自己的伴侣，并在努力丰富我们所爱的人的生活，我们就会自觉地尽可能地发挥我们自己的才华和能力。但要是没有这一基于奉献的目的，想要完善自己的品格，那只会让自己感到毫无意义，使得自己丧失快乐。

关于奉献是生活的意义真正的要素，还可以通过一点来证实。如果我们认真检视我们所继承的那些由先辈们遗留下来的东西，我们会发现，他们遗留给我们的，几乎全都是对人类整体生活的贡献。那些已经开发了的土地，那些道路和建筑物；

那些好的传统，了不起的思想、科学、艺术的遗产，还有很多处理人类面临的问题的技术手段，还有他们通过交流得出的生活成果，等等，无不都是作为对全体人类的贡献而保留下来的。我们也需要再看看上述例子之外的，那些拒绝合作、为生活做出另外一种定义的，那些只会想着"我怎样逃避生活的压力"的人，看看他们留下了什么？这些人不但没有留下什么痕迹，对他们而言，不仅仅是死亡，他们的生命也是贫瘠的，就连我们居住的地球似乎都会对这类人这样说："我不需要你们，你的生命毫无价值。你的目标、你的观念不属于未来，滚开吧，一无用处的人！快点死吧，快点从我身边消失吧。"对于拒绝合作并把与人合作当作羞耻的人，我们只能这样对他们说："你们是无用的。没有谁需要你，快点走开！"当然，在我们今天的生活中，在我们的文化里，的确存在很多的不尽如人意之处，但不能因此就放弃努力，不去加以改造完善。前提是，这样的改造与完善是基于全人类的幸福的。

　　了解这一事实的人处处都有。这样的人深知生命的意义来源于对全体人类的兴趣，这样他们才会去努力培养自己对社会的兴趣和热爱。在人类历史上，大多数宗教都具有救世济人的目的。历史上所有堪称伟大的运动，无不是人们企图增加社会全体利益的产物。大多数宗教就是以此作为自己的核心目标的，也是人类社会为这样的目的奋斗的主要力量。然而宗教的宗旨总是受到曲解与被利用，除非它能更直接地致力于为社会服务，否则我们很难从它的表面看出它还能有其他作用。通过科学的办法以及新的科学技术，个体心理学也得出了相同的结论。我相信，它还有更进一步的贡献。相较于其他手段，科学使得人们对同伴、对社会的兴趣变得更为浓厚，因此，它很可能比政治或宗教更能接近这样一个目标，这个目标就是——对他人更感兴趣。

被赋予生活的意义，其实质就好比人类事业的守护者与破坏者，因此了解这些意义的形成原因、它们彼此间的关系，能引导我们生活得更有意义。假如其中某些因素导致了严重的错误引导，该如何面对与处理，就是一件不可或缺的、非常重要的工作。而这在今天，恰恰是属于心理学范畴的。心理学不同于生理学、生物学的地方，就在于它能利用对"意义"以及"意义"对人类行为和人类未来的影响的分析了解，来增进人类的福祉。

4. 童年对人生的影响

从出生那天起，人就开始了对"生活的意义"的探索。即便是婴儿，也会设法评估一下自己的力量，以及这力量能在多大程度上影响自己生活在这个所处的环境中。在一个人生命的前六年，就会发展出一整套属于自己的相对固定的行为模式，这就是儿童应对环境与遇到的问题的方式。这时候，儿童已经拥有了对世界的看法，开始知道对这个世界、对他自己应该期待些什么。此后，他就通过一个固定的视觉来看待世界。经验还未被接受就已经得到阐释，而且这种阐释总是符合小孩赋予生命的最初意义。就算这种意义完全错了，就算这种应对事物、处理问题的方式会不断地带给他挫折与痛苦，也不会被轻易放弃。只有通过反复地尝试对环境错误的阐释带来的误导，找出原因并对视觉做修正，才能逐渐改变对生活的意义的不正确的定义。

在极少数情况下，有些个人能在错误的行为造成的后果的逼迫下，修正自己赋予生活的意义，并凭借一己之力成功地完成这样的修正。但是，在没有借助社会的外部压力的情况下，假如他依然发现不了关于生活意义的错误的定义，继续自以为是，那么，他就会陷入绝境，并且不会做出修正。而那些被动的修正，大多数情况下是必须借助受过专业训练、对这些意义非常了解的专家，只有这些专业人士才能找到错误的根源，并提出合理有效的建议。

人的童年时期的情境是可以采用很多完全不同的方式来解释的。一个人童年时期的不好经历，是能导致他得出完全相反的意义来的。那些完全不顾有过的不愉快经历的人，他们从不愉快的经历中得到的启发，只能帮助他们去做一些对未来可能发生类似事件的预防，而并不会改变他们自己。他会想："我们要努力消除这些造成不幸的因素，让我们的孩子在更好的条件下成长。"当然，有些人则会这样想："生活对我是不公平的，别的人总是能得到更多好处。既然世界对我不公平，那我为何要善待这个世界？"这就是为什么有些父母总是喜欢对自己的孩子这样说："我小时候吃了那么多苦，我都熬过来了，你们怎么就不可以？"还有一种人会觉得："因为我的童年遭受了太多的不幸，所以我所做的一切都该得到原谅。"这三种人对于生命意义的认知，都会在他们的行为中表现出来。如果不能让他们改变自己对生活意义的认知，他们的行为是绝不可能被改变的。

正是在这里，个体心理学抛弃了决定论，认为经验绝非成功与失败的主要因素。我们不会被那些体验过的打击（所谓"震惊"trauma）所困，我们只是从中获得我们所需要的东西，而这些东西成为我们的经验。当我们把某种特殊经验当作我们未来生活的基础时，我们就很可能会犯下某些错误。要知道意义不是环境赋予我们的，而恰恰相反，是我们赋予环境的意义决定了我们自己是怎样的。

　　但在儿童期，有些情况会导致严重错误的意义的得出。大部分的失败者的儿童时代都有过这类情况。第一种要考虑的是那些在婴儿时期得过严重疾病或者有先天缺陷，最终导致身体器官残疾的儿童。这类儿童承受着巨大的身心压力，因此，他们很难像正常儿童那样体会到生活的奉献意义。除非有跟他们关系很亲密的人，能协助他们把注意力从自己身上转移到别人身上去。这类儿童通常都只会专注于自己的感受。在将来的生活中，他们很可能把自己跟周围的人作比较，得出负面的结论。在现实生活中，这类儿童甚至会因为受到周围人的怜悯、嘲笑以及他人的回避而产生深刻的自卑。这些环节的因素会导致他们躲进自我内心，拒绝跟社会合作，并丧失找到属于自己合适位置的希望。同时，他们会觉得自己遭到了羞辱与被遗弃，从而产生出仇恨。

　　我想，我是第一个研究儿童因为器官缺陷或内分泌失调导致陷入困境的人。目前，这门学科尽管已经取得了很大进步，但它的发展方向并不是我想要的。我一直都在努力寻找解决与克服这类问题导致的后果的方法，而不是想要找到能证明是这类缺陷导致儿童出现问题的证据。器官的缺陷并不会强制人采取错误的生活方式，我们至今也没找到内分泌腺会对两个儿童产生一样效果的证据。反倒是经常能看到克服了这种困难的儿童。在克服这种生理缺陷带来的困难的同时，这些儿童还发展了其他非常有用的才能。

个体心理学从不鼓吹优生学的选择。历史早已证明，很多存在着这样那样生理缺陷的人，对人类文明做出了重大的贡献。这些人受着身体不够健康的影响，甚至有些人还英年早逝，可正是这些人，他们克服了身体以及其他的外部阻碍，做出了很大贡献，并让自己得到了新的发展。是努力奋斗使他们变得坚强，也让他们不畏艰辛，勇往直前。现在的问题是，绝大多数存在着器官或内分泌腺缺陷的儿童，没有得到足够重视，缺乏有心去引导帮助他们的人和手段，由此他们所遇到的困难没有得到克服，使得他们把自己的注意力全部给了自己。这也是我们发现很多因为器官缺陷而承受着巨大压力的儿童中有更多的失败者的原因。

　　第二种会误导儿童赋予生活不正确意义的原因，与对儿童的溺爱有关。受到溺爱的儿童，总是会以为自己就是世界的中心，希望所有人都把自己的愿望当作是唯一需要遵从的法律。这样的儿童无须努力与付出，就能受众人追捧，这样的结果使得他会认为自己天生就是与众不同的。而一旦他不得不进入一个不以他为中心的环境里，当其他人并不以照顾他的感觉为目的时，他就会觉得自己受到了不公正的对待，认为是整个世界背叛了自己。因为他一直都是生活在以自我为中心的环境里，根本不知道还有其他方法来应付出现的问题。他人对他过度的照顾，使得他没有获得独立的能力，也不懂得他能为自己做些什么。这样的儿童在遇到困难时，唯一会做的就是等着别人的帮助。他会这样认为，假如自己能再度获得曾经的那种突出的地位，让所有人都重新承认自己是特殊人物，那么自己的处境就会改变。

这些被宠坏的孩子很可能会变成我们的社会里最危险的群体。其中一部分人会导致社会善良价值观的严重扭曲；一部分人则会戴上正直良善的假面具，通过各种手段达到控制社会权力的目的，他们会以牺牲他人的利益来获取自身利益，而不是采取合作的方式；还有一部分人会采取公开反叛的方式。当这些人看不到他们习以为常地对自己的意志的顺从，以及他人对自己的赞扬时，就很容易认为自己遭到了背叛，这类人会对社会产生敌意，并采取报复的手段。如果社会在这个时候表现出对他的生活方式的否定（事实上这很有可能），他们就将这种否定当作遭到了不平等对待的新证据。这就是惩罚对他们总是不起作用的原因，一切惩罚对他们来说，只是进一步印证了"人人都与我为敌"的认知。

被宠坏的儿童无论是采取背后破坏还是公开对抗，也不论是使用诱骗手段控制他人，还是采取暴力手段进行报复，其本质都是来自同样的原因。事实上我们发现很多这样的人，都是在采取软、硬两种手段，但目的一样。这样的人会把生活的意义看作是唯我独尊，自己就是全世界唯一重要的那个人，认为自己应该得到想要的任何东西。如果坚持认定这样的生命意义，那么他们所做的任何事情就都会是错误的。

第三种容易导致儿童形成错误的生活意义的因素，是儿童遭到忽视。被忽视的儿童缺乏爱，也就无法知道爱，同时也就会不懂得合作的意义。这些儿童根据环境自我形成的对生活的认知中，没有爱与关怀。不言而喻，在这样的处境下成长起来的儿童，总会高估生活中自己面对的问题的困难，而低估自己的能力与得到他人帮助的可能性。这都是来自他曾经受到的忽视，这样的忽视使得他认为社会是冷漠的，并且认为冷漠就是社会的本来面目。同时，他完全不知道感情与尊敬是可以通过自己的行为去获得的，因此，这样的人不仅不会信任他人，甚至对自己也持怀疑态度。要知道，对人来说，情感是不可能被其他的经验所代替的，作为母亲的第一项工作，就是给予孩子爱并让他产生信任，还要把这种信任感扩展到儿童所处环境中的每件事物上去。如果母亲的第一项工作——获得儿童的感情、兴趣和合作——不成功，那么儿童就很难发展出自己的社会兴趣，也很难发展出对同伴的需求与好感。作为人，对他人的兴趣是最基本的一种动力，但这种动力首先要得到开发、运用，否则就不会有效。

一个完全被忽视、被嫌弃以及被排斥的儿童，会处于身心孤独的境况，无法正常与人交流，根本不知道合作为何物，也不会去在意那些能帮助自己去跟他人相处的任何事物。可是，我们知道在这种彻底孤独的处境下，人是无法生存的。只要度过了婴儿期，那么就足以证明一个儿童得到过照料与关怀。在这里，我们不去讨论那些彻底遭到忽视的儿童，而把注意力放到那些得到的关怀不够多，或者只是在某些方面受到了忽视，在别的方面跟正常儿童一样的儿童身上。总而言之，遭到忽视的儿童一定没有值得他信赖的对象。如果我们稍加留心，就不难发现一个现象，那就是生活中的那些失败者，很多都是孤儿或者私生子，这其实是我们文明的悲哀，是对其最大的讽刺。

这样的类型，我们通常都将其纳入被忽视的儿童范畴内。

无论是生理缺陷、被溺爱，还是被忽视，都容易导致错误的生活意义的形成。在这样的环境下成长的儿童，都需要他人帮助他们修正对待问题的方式。只有在他人正确有效的帮助下，他们才能重新获得对生活的看法。如果我们关心他们——也就是说，我们对他们有着真正的兴趣，也愿意做出努力——我们就能从他们的言行中，观察到他们对生活意义的定义。

当然，我们也已经知道，梦和联想，是发现一个人早期记忆形成的一个很好的途径。因为，一个人在做梦的过程中与在清醒的过程中的人格是相同的，但在梦中受到的社会压力相对较小，人格能在放松防备和强制隐瞒的情况下表现。但想要了解一个人赋予生活的意义，最好的方法还是来自这个人的记忆。每一种记忆都代表着值得被回忆的事情，无论对这件事的记忆是不是完整的。他能回忆起这件事，就已经证明了这件事是值得他回忆的，是在他生活中占有一定分量的，他经历过的这件事会告诉他"这是你应该期待的"或者"这是你应该躲避的"，要不就是"这就是生活"！我们需要进一步强调：记忆中那些成为我们生活意义的组成成分的经验才是最重要的。每个记忆都是值得纪念的。

专门用来说明个人如何对待生活的方法早就存在，而且早就指出儿童的早期记忆对生活态度的形成的作用的重要性。早期记忆之所以重要，有两方面的原因。其一，个人对自身以及所处环境的判断都受到早期记忆的影响，它是一个人把自己的外貌、他对自我的最初概念，与别人对自己的要求最初结合起来的结果。其二，早期记忆还是个人主观认知的起点，也是他对自己的记录的起点。因此，我们会从中看到，一个人总是在用自认为所处的弱势与不安全的地位，来跟他心中的理想目标的强大与安全进行对比。至于被当作最早记忆的是不是他能记起的第一件事，甚至是不是真实的记忆，对心理学的目的而言，无关紧要。记忆的重要性，在于它们被"当作"是什么以及对它们的解释，还有就是它们对当下跟未来生活的影响程度。

我们现在来举一些最初记忆的例子，看看它们是怎样对"生活的意义"造成了影响。

"咖啡壶掉在桌子上，把我烫伤了"，这就是生活！以这样的方式讲述自己遇到这类意外的女孩，我们会发现她总是高估所遇到的危险，并难以摆脱孤独无助的感觉。要是她这是在责备他人没有很好地照顾自己，我们也不会吃惊。事实上出现这样的情形，一定是有人粗心大意，才导致这个小女孩处在危险中。在另一个例子中，也出现了相似的情形，"我记得三岁时，我从婴儿车上摔下来了"这样的最初记忆，导致他经常做这样的梦："世界末日到来了。在午睡醒来后，我看见天空被火照得通红。星星在掉落，地球就要跟另一颗星球相撞。可我在它们碰撞之前醒来了。"在这个学生被问到害怕什么时，他回答说："我害怕自己会在生活中失败。"正是他的那段最初的记忆，成为他缺乏信心的原因，让他害怕失败与灾难。

有一个夜里尿床，并经常因此跟母亲发生冲突的 12 岁孩子被带到了医院，他告诉我们他记得的是："妈咪以为我不见了。她跑到街上大声地喊我，其实我一直藏在家里的一个柜子里。"对于这个记忆，我们可以做这样的猜测，那就是这个孩子赋予生活的意义就是——用制造麻烦来博取他人的注意。他通过这种欺骗手段来获得安全感。这样做的潜台词就是：我虽然总是被人忽视，但我可以愚弄他人。他的尿床同样也是他用来让自己成为他人关注对象的手段。而他的母亲因为他而产生的焦虑与紧张，反倒让他证明了自己对生活的认知的正确性。跟前一个例子一样，这个男孩在早期便拥有了潜在的印象，认为外面的世界充满了危险。他只能通过他人对自己的不断担心来获得安全感。也只有通过这种方式，他才能向自己保证，需要保护时，他人就会来保护自己。

还有一个 35 岁的妇女，她的最初记忆来自三岁时的一次经历。那次她在黑暗中独自一人走下地窖的楼梯，在她身后一个比她大一点的堂兄突然打开门跟了下来。她被突然出现的堂兄吓到了。这段经历很可能导致她成年后不习惯跟孩子们一起游戏，更不喜欢跟异性单独在一起。我们猜测她也许是"独生女"，最后也得到了证实，她一直没结婚。

下面还有一个例子，可以看出童年记忆在社会感觉上的拓展。"我还记得我妈妈让我推着坐着小妹妹的婴儿车。"在这个例子中，这位女士表现出只有跟比自己弱小的人在一起才能感到自在，还有她对母亲的依赖。当家里有新的生命诞生时，最好要让那些大点的孩子来帮忙照顾新出生的弟弟妹妹，承担起保护的责任。这样就不会造成儿童把父母的注意力集中在更小的弟弟妹妹身上，看作是对自己地位的威胁。

但想要跟他人在一起的愿望，并不能就当作是一个人对他人感兴趣的证据。有个女孩在被问到最初记忆时，她说："我跟妹妹还有另外两个女孩在一起玩。"对此我们当然可以看作她是在适应与他人交流，但在提及恐惧时，她认为自己最大的恐惧是："我怕别人不理我。"从这句话，我们能看出她内心的焦虑。我们可以把这种焦虑看作是缺乏独立性的象征。

　　一旦我们发现并了解了生活的意义，我们就掌握了开启整个人生的钥匙。有人这样说过：人类的特征是无法改变的。但事实上这样的说法只对那些没有掌握能解开自己人生困境的钥匙的人才适合。但我们也知道，如果无法找到错误开始的那个原因，任何的讨论与治疗都是无效的，我们唯一能做的就是尽可能地去帮助他们学会合作，并增强他们参与生活的勇气。合作是人拥有的应对精神问题的唯一有效武器。尤其是在儿童时期，要尽量鼓励并训练儿童懂得且熟练于合作。无论是在日常工作还是游戏中，都应该让儿童在跟同龄儿童的互动中，找到适合自己的行为模式。对合作的任何阻碍，都会导致严重的后果。那些只学会对自己感兴趣的被过度溺爱的孩子，会把对他人不感兴趣的情绪带到学校等公众场合，他们的注意力没法从自己身上转移，对学习也会无法产生兴趣，还会做出一些违反学校纪律的行为，因为他们认为只有这样才会引起老师的注意。这样的儿童也不会去主动发现那些对自己有用的事物。在他们成年后，他们会严重缺乏社会责任感。因为在最初他的问题出现时，他就已经不再会去培养自己的责任感与独立性，这样的结果是他无法应对生活中遇到的任何问题。

　　对于这类儿童，我们不该做的是——在他们表现出不合群时责备他们。在他们有了挫折感时，我们要去帮助他们。不可能要求一位没有学过地理的孩子，答出一份很优秀的地理考卷。同样，一个没有过合作经历的孩子，也不会在需要合作的时候有好的表现。但问题就在这里，生活中遇到的任何问题都需要合作才能解决，任何人的行为都是在人类社会这一架构下进行的，目的是促进人类整体的利益。只有那些了解到并认可生活的意义就在于奉献的人，才能够有勇气和有效地解决面对的困难。

假如我们的老师、家长以及心理学家们都了解到——人在最开始赋予生活以意义时，经常可能出现错误，而如果他们自己曾经避免了类似的错误的话，我们就能相信——我们能帮助那些对社会缺乏兴趣的儿童，对他们自己的能力、对生活获得较为乐观的看法，在遇到问题时，他们就不会放弃努力，不会去祈求找到捷径或者是逃离、把责任推卸给他人并想通过不断的埋怨获取同情，也不会因为觉得羞耻而自暴自弃，不会这样问"生活有什么意义，它能让我得到什么吗"，而是会这样说："我们要努力开拓我们的生活，这是我们的责任与义务，我们完全能应付得了。因为我们是我们自己的主宰。创造未来就是我们的工作。"如果我们每个人都能这样以合作的方式对待生活，那么人类的进步将是没有尽头的。

第二章　心灵与肉体

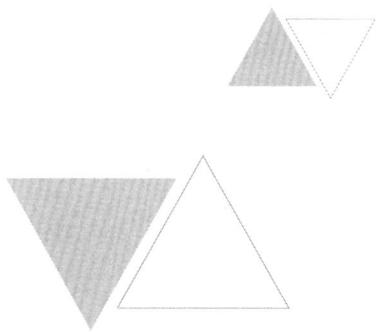

自始至终，生命中成长与发展的这种合作关系从未中断。作为整体不可分割的部分，心灵与肉体相互合作，心灵就像一部汽车，利用肉体所能发掘的所有潜能，帮助肉体达到高枕无忧的境地。

1. 心灵和肉体的关系

从古至今，对心灵与肉体的关系，人类一直都争论不休。究竟是肉体支配着心灵，还是相反。无数参与争论的哲学家都无法达成共识，他们因此被以这个为标准分成了唯心主义哲学家与唯物主义哲学家。然而今天看来，个体心理学有可能帮助解决这个问题。因为个体心理学事实上正是在研究人的心灵与肉体的互动关系。所有需要得到治疗的病人，无不都具有肉体与心灵。假如我们治疗的理论基础是错误的，那我们就不可能对这些病人有所帮助。而我们的理论只能是来自我们的实践经验，也必须经得起实践的检验。我们都生活在这种肉体与心灵的相互关系中，我们不得不接受找出正确答案的挑战。

个体心理学的发现，让这个问题的大部分紧张局势得到了化解，心灵和肉体不再非此即彼。个体心理学认为，无论是心灵还是肉体，都是生活的参与者，是生活这一整体的一部分，我们可以也应该从整体出发来分析掌握它们之间的相互关系。与植物不同，人是能四处移动的动物，因此仅仅具有拓展肉体的能力是不够的；而植物扎根在大地上，无法像动物一样移动，如果发现植物有心灵——只要是人所能理解的形式，那么都会让人感到惊奇。我们可以假设植物拥有预见未来的能力，但即使这样，植物的特点也会让这种预见能力无法施展。很简单，如果植物预见到这样的情形——有人来了，他马上就会把我踩在脚下，我会被他踩死——对此，它却毫无办法，因为它们没法移动自己。

但我们都知道动物是能够移动自己的，而且都能事先设计好自己将要移动的方向。这一事实让我们不得不相信：动物具有心灵或灵魂。

"当然你有思想，否则你不会有动作。"（引自《哈姆雷特》第三幕第四场）

心灵的一个重要的功能就是预见运动的方向。认识到了这一点，就能理解心灵对肉体的支配就是——为肉体制定动作的目的。如果缺乏目的性，那只能是在每段时间里，无目的地产生一系列混乱的行为，这样的行为是毫无意义的。由于心灵的作用是决定动作的目的，因此心灵在生活中具有主导地位。但反过来肉体一样也影响着心灵，因为心灵只能在肉体能力的可能范围内支配肉体，要不然心灵就可以在没有任何辅助的前提下，让肉体飞到月球上去了。

比起其他动物，人的活动能力更强，不仅活动的方式更多——这一点可以从人的手部动作的复杂性看出——而且，人还更善于利用活动来改变自己的环境。由此可以得出：在人类的心灵里，预见未来的能力一定是得到了最高级的发展的；而且，人类总是在有目的地奋斗，以改进自己在所处环境下的地位。

在朝向自己的目标所进行的一系列动作后，人还会有一个囊括所有动作的单一动作。人的一切努力，都是为了获取更多、更确定的安全感，这样的安全感就是——我已经克服了生活中出现的困难，而且我还很好地控制住了我所在的环境。这一最终目的必然导致人的所有动作的相互协调，使之成为一个整体。心灵的发展似乎就是为了这一最终目的而被迫进行的，肉体也是一样，也是在努力成为一个整体。除此之外，肉体还会受到来自先天的目的性的控制，比如皮肤受伤后，人的整个身体都会为了修复这一受伤服务。不过要强调的是，肉体上发展自己的潜能并非是单独进行的，在这个过程中，心灵给予了很大帮助。运动、训练及一般健康学的价值都已得到了证实，这些都是肉体在努力实现自己的最终目的时，心灵提供的帮助。

自始至终，生命中成长与发展的这种合作关系从未中断。作为整体不可分割的部分，心灵与肉体相互合作，心灵就像一部汽车，利用肉体所能发掘的所有潜能，帮助肉体达到高枕无忧的境地。在肉体的任何活动中，在任何表情和病症中，我们都能看到心灵目标的印记。人活动着，在他的活动中必有意义存在。他活动其眼、其舌、其脸部肌肉，他的脸上就会有一个表情、一种意义，给予这种意义的正是心灵。现在我们可以开始了解心理学（即心灵的科学）所探究的到底是什么。心理学的目的在于探索人的各种表情的意义，找出他的目标，并以之与别人的目标相比较。

为了安全这个最终目的，心灵就需要将目标具体化，也就是说，弄清楚哪里是"安全"的，朝着哪个方向，怎样走或者怎样做才能到达。当然这其中会有出错的可能，但若是没有明确的目标和方向，就根本不会有行动。当我抬起我的头来，心中一定有了一个目的。有时候，心灵选出的方向可能通往灾难，但这只是因为心灵错误地判断了形势，以为朝着这个方向能获取最大的利益。所有心理上的错误都是这种行动方向选择上的错误。对安全的追求是人类共有的目的，只是有的人在寻找它时选择了错误的方向，并且固执己见，从而导致走入歧途。

如果我们看到一个表现或病征，却无法理解它背后的含义，那最好的办法就是，先尽可能地将其简化为一个单纯的行为。让我们以偷窃为例。偷窃的目的是将别人的东西据为己有。分析一下这个行为的目的，首先是为了让自己占有更多的财富，然后让自己更安全。因此，这种行为的原因是贫穷与匮乏的心理感受。下一步要做的，就是找出个体处在什么样的环境中，以及在什么条件下会感到有所缺失。最后，我们要看他是否采取正当手段来改变环境，消除自己的贫穷与匮乏；他的动作遵循的是不是正确的方向，他改变自己处境的方式是否正确。我们无须责备他们的最终目标，但可以指出他所选择的途径是错的。

所谓文化，就是人类对其所处环境的改变，就是人的心灵激发起身体的所作所为的结果。我们的工作受到我们的心灵的启发。我们身体的成长与开发得到了我们心灵的指导与协助。综合起来看，人类的行为都留下了心灵作用的烙印。但因此就过度强调心灵的作用，却不是我们的目的。想要克服各种困难，我们的身体起着巨大的作用。在整个生命过程中，心灵是以对环境的控制来开展自己的工作的，使得我们的身体得到保护，避免不利于肉体的事情，比如虚弱、疾病还有死亡的发生，同时躲避灾难、意外事故等。我们感受快乐与痛苦，创造出各类幻想、识别环境有利不利的能力，也都是为了这个目的。幻想与判别的能力，是人对未来做出预期的方式，同时还能激发起人的很多感觉，让身体跟着做出行动。个人情感拥有一个人赋予生活的意义，以及为自己定下的目标努力的标记。所有这些对肉体的影响程度很高，但不受制于肉体，它们主要来自一个人的目的以及这个人的生活方式。

很明显的是，影响一个人的不仅仅是他的生活方式。要是不存在其他因素，一个人的态度是不足以使他出现病症的。这些必须是在得到感情因素的加强之后，才能导致行为。个体心理学的新发现就是：感情不会跟一个人的生活方式对立，感情只会为了所订立的目标改变自己。现在我们所谈的已经脱离了生理学与生物学的范畴。感情是无法用化学来解释的，当然也不能用化学方式加以预测。个体心理学的方法是建立在生理过程发生之后，而不是之前，我们感兴趣的是心理的目标。我们不关心焦虑对交感神经或者副交感神经的影响，我们只关注焦虑的目的与结果。

根据这样的研究目的，焦虑不应该被看作是性压抑的现象，也与出生时是否遭遇难产无关。这样来解释人的焦虑太牵强。在实践中我们会发现，一个习惯于母亲陪在自己身边，会随时帮助自己的孩子，很可能会产生焦虑——无论其来源是什么——可以作为控制母亲的武器。个体心理学也不会满足于描述人愤怒时的生理表现，经验告诉我们：愤怒是一个人或者一种情景的工具。我们承认，任何身体或者心灵的表现都以人所拥有的历史材料为基础，但我们关注的是如何利用这些材料获取既定目标。这是心理学研究的唯一对象。

观察的结果告诉我们，人的感情是根据他自己达到目标的方向与渴望的程度生长、发展的。一个人的焦虑或勇气、愉悦与悲哀，都需要同他的生活方式协调一致。一个企图用悲哀来达到其优越感目的的人，从来也不会因为达到目的了就感到快乐满足。这样的人只有在悲哀时才会感觉到快乐。还有一点需要注意的，那就是感情是可以根据需要随意支配的。假如一个人对群体有着恐惧，当他留在家里，或者当他指挥另一个人的时候，焦虑与恐惧就会消失。所有的精神心理疾病患者都会本能地去回避生活中自己无法控制的东西。

情绪的格调也像生活方式一样有着固定的模式。懦夫并非永远都会是懦夫，尽管在遇到比自己弱的对象时，懦夫会显得傲慢，但是当他们处在强者的羽翼下时，他们也会显得勇猛。懦夫很可能会为他们安装三把锁、防盗器还有守护犬来保护自己，却绝不承认自己的懦弱。没有人能证实懦夫的焦虑，但他的性格中懦弱的部分在他对自己的过度保护的行为中，显露无遗。

在性和爱情中我们也能找到相关的证据。当一个人确定了自己的性目标，并开始处心积虑地靠近时，属于性的情感自然会出现。这种目的会让一个人完全无视其他有挑战性的事物，并排斥所有与此不相干的兴趣，只有这样这个人才能调动出对应的情感与能力。诸如阳痿、早泄、性倒错或者性冷淡等现象的出现，都是因为不愿放弃不合时宜的工作与兴趣，从而导致无法调动这类情感与能力的结果。另外，不正确的优越感和错误的生活方式也是导致此类问题发生的因素。在这类病例中，我们时常发现这样的现象：他们只希望被人体贴关怀，却不会去体贴关怀他人；他们缺乏社会兴趣；他们往往在需要勇气的活动中失败等。

　　我有过一个病人，在家他是老二。这个男人因为长期摆脱不了罪恶感而痛苦万分。他的父亲跟哥哥都把诚实看得很重要。在这个男人七岁时有过这样的经历。有一次他的作业是哥哥替他做的，但在学校他对老师说是自己做的。这之后，在长达三年的时间里，他一直隐瞒自己撒谎的事实，直到最后他实在忍受不了，才鼓起勇气向老师承认错误，但老师对此一笑置之。他又去对自己的父亲承认自己的错误，这次他成功了，父亲以他勇于承认错误为荣，夸奖他、安慰他。但这并不能减轻他的沮丧。对此，我们恐怕不能简单下结论说：这个孩子之所以会在意这样的小事，并强烈自责，是因为他想证明自己的诚实。他的家庭具备诚实的家风，他也在诚实方面有过人之处。但在学习和对他人的吸引力上，他觉得自己远不如哥哥，因此，他这样做是为了获取优越感。

在后来的生活中，这个人常常会陷入自责的痛苦里。后来他养成了自慰的习惯，在学习中也没有完全戒除说谎的行为。每次面临考试时，他的罪恶感就会越发强烈。由于他的过度敏感，他比哥哥有更重的心理负担，当他无法战胜哥哥时，他就以此为借口逃离大学。之后他想找一份技术性的工作，但那种强迫性的罪恶感越来越尖锐，让他不断地陷入对上帝的忏悔中，根本没法去寻找工作。

直到他因为精神崩溃被送进精神病院，他被确定为不可救药。可过了一段时间，他的病却好了很多，他被允许出院。但医院有一个条件，那就是一旦他的病情复发，就必须回到医院。那之后这个人改学艺术史。在考试前的一个星期天，他跑到了教堂，匍匐在地上向教堂内所有的人哭喊着："我是人类中最大的罪犯！"就这样，他再次成功地引起了人们对他的道德心的注意。

不得不再度被精神病收容所收容后，他度过了一段时间又回到家里。有一天他突然赤身裸体地走进餐厅吃中饭！他是个身材健美的人，这一点他自信能跟哥哥以及任何男人相比。

他的犯罪感表现是他让自己显得比他人诚实的手段，而他也企图通过诚实的展示来获得优越感。只是，他的行为导致他走向了歧途。逃避考试以及逃避工作，让他显得懦弱和缺乏主见。他所表现出来的病征无不都是为了避开那些他觉得会击败自己的东西。很显然，他那样冲进教堂，以及赤身裸体地走进餐厅吃饭的行为，同样是他用于获得优越感的伎俩。他的生活方式要求他做出这样的行为，而他引发的自己的情感也是不对的。

　　在第一章中我们说过，在生命最初的四五年里，个体忙着构建自己心灵的整体性基础，并建立起身体与心灵间的关系。在这个阶段，他们将自己遗传得来的能力以及从周围环境中得到的感悟加以消化、处理、调适，以此满足对优越感的需要。在第五年的最后，个性就已经形成了。他赋予生活以意义、他追寻的目标、他的行事风格乃至情感倾向都已定型。这些在日后也有可能被改变，但前提条件是他能从童年时期成型过程中的那些错误里摆脱出来。正如他们之前的思想和行为，都与他对于生命的解释相一致一样，现在，他新的表现也会跟他新的解释相吻合。

　　个体通过感官与所处的环境发生接触，并从中获取印象。因此，从人们训练自己身体的方式中我们可以看出，他们想要从环境中获取什么样的印象，又如何应用他的经验。如果我们能留意到他观察、聆听的方式，以及能够吸引他的都是些什么，就能对他有较深的了解。这就是行为举止之所以重要的原因。它们能告诉我们一个人的身体所受过的训练，以及这个人如何运用这些训练结果来选择自己所想要的印象。人的行为举止永远都是受制于意义的。

现在，我们可以在心理学的定义上再加点东西。心理学研究的对象是个人对自己身体印象的态度。我们现在可以试着来讨论一下，为什么人类心灵的差异会如此巨大？是什么造成了这样巨大的差异？那些无法适应环境、满足环境要求的肉体，一般都会被当作是心灵的负担。因此，存在着身体缺陷的儿童，在心灵的发展上要比正常儿童经受更多的磨难与挫折，这样的儿童的心灵难以影响、支配自己的肉体来获取优势。他们需要付出更多的努力去发展自己的内心，需要更加集中自己的注意力，才能实现跟别人相同的目标。因此，他们的心灵会承受过大的压力，这样的情形会导致他们更多地去关注自己，最终以自我为中心。过多受到身体缺陷的影响时，儿童就没有多余的精力去关注外部世界。他没有这样的空闲时间去对他人产生兴趣，以致他的社会感受与合作能力根本无法发展起来。

身体的缺陷当然会造成很大的障碍，但并非是命中注定没法摆脱的。如果心灵足够努力，也足够灵活，从而能设法克服身体缺陷造成的障碍，这个人也能取得跟正常人一样的成功。事实告诉我们，很多存在身体缺陷的儿童，他们尽管受到了困扰，却取得了甚至超过身体健康的人的成就。在这些儿童那里，缺陷成为动力，促使他们做出了更大的努力。例如视力存在问题的儿童，他们当然会因为自己的缺陷感到压力。跟正常人比，想要看清东西，他们需要耗费更多的精力。这种儿童必须把自己更多的注意力放到视觉世界中，更努力地去区分色彩、形状。因此产生的结果是，他们对视觉世界拥有更多、更丰富的经验，能分辨出那些正常人无法分辨的细微差异。这种情况告诉我们，只要心灵足够努力和有耐心，就能找到克服身体缺陷带来的困难的方法，这些儿童就会因祸得福，那些原本是障碍的缺陷，反倒成为他们的优势的来源。在画家和诗人中，就有很多这样的例子。他们的缺陷通过训练有素的心灵的引导，使得自己原本是缺陷与不足的部分，变得比常人都要强大。这种现象经常能在那些左撇子儿童中看到，那些天生是左撇子、不被人们接受的儿童，在家里或在学校，他们都被训练使用他们原本并不出色的右手。事实上左撇子在书写、绘画或者手工艺上处于劣势，但如果能让心灵很好地处理这种劣势，他们不够灵巧的右手一样能开发出具有高度技巧的能力。在现实中也正是这样，很多左撇子的儿童写出的书法比一般人要好，在绘画、工艺上也是如此。找到正确的方法，加上兴趣、努力和训练，就能把自己的劣势转化为优势。

只有那些希望为整体出力而非局限于只关注自身的孩子，才有可能成功地学会弥补自己的不足。如果一个孩子只想着逃避所遇到的困难，他就会一直落在后面。只有当他发自内心地找到了一个能激励自己的目标，并且这个目标所带来的成就比阻挡他的障碍更大时，这个孩子才有可能鼓起勇气去改变。这里的关键是兴趣与注意力专注于什么的问题。如果有了自己明确的外部世界的目标，他们就会有兴趣去训练自己，开发出新的能力来。这样一来，困难对于他们只不过是行进路上遇到的障碍，是必须加以克服的。反之亦然，如果他们的兴趣只是集中在自己的缺陷上，只是注意到了自己的不足，或者是想要摆脱这种状况，却没有找到好的办法与之抗争，那么这样的儿童就不可能得到改变并成功。一只笨拙的右手不会因为心里想要变得灵巧，盼望着少些笨拙，甚至避开那些会显示出其笨拙的场面，就能变灵巧的，只有通过练习才有可能灵巧起来。前提条件是，能获得成功的诱惑，要远大于笨拙带来的挫折感。如果一个孩子想要全力以赴地去克服自己的困难，那么在他之外一定要存在一个他想要追求的目标，但这个目标必须要是建立在他对现实感兴趣、对他人感兴趣、对合作感兴趣的基础上。

我对患有肾脏缺陷家族的研究，可以拿来作为遗传性缺陷被转为优势的例子。这种家庭中的很多孩子患有夜尿症。他们的器官缺陷是事实，这种缺陷可以很明显地从肾脏、膀胱或脊椎分裂（spina bifida）上看出来，也能从这些孩子的腰椎附近皮肤的青紫以及胎记看出来。但器官的缺陷并不一定就导致尿床症，也就是说，不是因为器官缺陷的压力使他们尿床。他们是在以自己的方式利用这种毛病。有些孩子在白天就不会出现尿失禁。还有这样的现象，当孩子父母的态度发生改变，这个孩子的尿床症也可能会消失。这也就是说，只要儿童不把尿床当作是手段，利用自己的身体缺陷达到某种目的时，除了那些的确心智存在问题的儿童，尿床症是完全可以消除的。

遗憾的是，大部分遭遇尿床麻烦的儿童都不会想到要去克服，而是被保留了下来。经验丰富而又有心的母亲会帮助他得到正确训练，但如果母亲没有经验，这种不好的毛病就很难被克服。在遭遇肾病和膀胱疾病困扰的家庭中，便溺这件事往往承受了过多的压力。因此，母亲很有可能会用很多错误的办法想要强制孩子消除这种毛病。但如果孩子感觉到了这一点的重要性，他很可能会故意把这种毛病维持下去。因为这为他提供了一个非常好的引起别人关注的机会。孩子一旦诚心想要反抗父母给他的待遇，就自然会找到他自己的方法，很自然就能对准父母那个最大的弱点去展开攻击。德国一位著名的社会学家发现，在罪犯中，很大比例是来自以打击和控制犯罪为职业的家庭，比如法官、警察、狱吏等，同时教师的子女中也有很多会表现得很顽劣。在我的经验中，也有过很多类似的发现。同时我还发现，医生的子女中神经病的比例和教师子女中的不良少年比例都很高。当父母过于在意孩子的排尿时，儿童就会有一种明确的方式用来表达自己的意志。

尿床也给我们提供了一个极好的例子来说明——梦是怎样被很好地用于激起与想做的事相符合的情感的。尿床的孩子常常梦到自己起床去了厕所。通过这种方式，他们摆脱了负疚感，尿在床上在他们的心理上也就理所当然了。尿床想要达到的目的主要有这几种：引起别人的注意，让别人把自己当中心，晚上也要像白天一样注意自己。有时这也是一种充满敌意的表达，是对抗的一种手段。无论如何尿床症都是一种创造性的表现，这类孩子们用他们的膀胱而不是嘴来说话。生理上的问题不过是为他们提供了一个表明自我存在的方式。

用这种方法来表达自我的孩子们都承受着很大的压力。通常，他们都是些曾经被溺爱但后来又失去了这种溺爱的孩子。原因是各种各样的，比如另一个孩子的出生，导致他们感受到父母的关爱不再专注于自己一个人。这时候尿床症就成为一种要求母亲重新把关注集中到自己身上的手段。尽管这种方式令人讨厌，但十分有效。这等于是在告诉别人"我还小，还需要你照顾我"。在不同的环境，或是不同的生理缺陷的前提下，孩子会选择其他的方式来达到相似的目的。比如，企图用声音来提醒他人自己的存在，这时候他们就会一到夜晚就开始哭闹，一些孩子还会梦游、梦魇、掉下床铺，或是口渴要水喝。这些行为的心理背景都是一致的，而具体选择的症状一部分取决于身体状况，一部分取决于环境。

这些案例都很清晰地体现了心灵对身体的影响力。事实上，心灵不仅能在对病症的选择上有影响，同时也能控制人的身体结构。对于这种假设，我们目前还没有直接的证据，而且暂时还无法找出方法来获得证据。通常情况下，一个孩子如果胆小，他的这个性格特点就会在他整个发展过程中体现出来。他会不关心自己的体格，很可能也不相信自己能在体格上达到多高的成就，以致放弃甚至拒绝对身体进行训练，从而排斥来自外部对身体机能的刺激。当其他孩子在身体上获得了很好的发展时，这类孩子却对此毫无兴趣。

以上种种观察让我们有理由得出这样的结论：身体的整体外形和发展受到心灵的影响，并且能够反映出心理上的错误和缺失。我们常常能看到，很多身体上的表现，仅仅是心灵无法找到对它存在的缺陷的正确的补偿方式而导致的后果。例如，在一个人四五岁之前，内分泌腺本身也会受到心灵的影响。存在缺陷腺体并不能对行为产生强制性影响，反倒是外部环境，以及儿童的心理兴趣和心灵在进行创造性活动时，会对腺体造成持续的影响。

2. 情绪和反应

另外一种证据是较为容易被理解与接受的，那就是情绪对身体的影响。因为我们对情绪的现象更加熟悉，它总是会在身体上引起短暂而不是固定的反应。

每一种情绪都会不同程度地在身体上有所表现。每个人的情绪都会以某种行为形式表现出来，也许是一种姿势、一种话语表达的态度、一种表情，很多时候仅仅是身体某个部位比如膝盖的颤抖等等。比如，当我们看到一个人的脸色由红变白时，这个人的血液循环就是受到了情绪的影响发生了变化。愤怒、焦虑、不安这类情绪，都会表现在人的身体上。而身体是有自己独特的语言的。一个人害怕时，身体会发抖，另一个人可能是出现惊恐的表情，第三个人也许是流冷汗、呼吸急促、说不出话，恐惧有时候还会导致身体出现诸如呕吐、昏厥等现象。对不同的人，同一种情绪会在身体上引起不同的反应，比如一些人是膀胱功能的改变，有些人是性器官受到刺激，这也就是很多罪犯在犯罪后会去召妓或者去找自己的女友的原因。很多心理学家都宣称，性和焦虑是紧密相关的，而另一些心理学家则认为这两者之间毫无联系。他们大多是依据自己的经验来确定自己的观点。

　　以上各种反应属于类型不同的个体，很可能与遗传有一定的关系。通过这些类型的身体反应，我们也得到暗示，去注意家族的弱点与特质。因为同样的身体反应，也会出现在同一家族其他人身上。最有趣的还是观察心灵怎样利用情绪激发出某种身体状态。通过情绪在人的身体上的反应我们可以看出，心灵是如何对不同环境做出反应的。当一个人发脾气了，这个人是希望能尽快解脱出来的，但他通常选择的方法会是针对对象采取带有暴力色彩的行为，例如辱骂、攻击、羞辱。同时，愤怒情绪有时候也会导致一些人出现身体器官无法活动的现象。还有一些人会胃部出现问题，或者脸部充血，严重的会导致头痛等症状。我们经常会发现，偏头痛以及习惯性头痛与极端情绪之间存在着很大的关系。有些人在愤怒的情绪下，会出现三叉神经痛或引发癫痫。

　　至今还没能完全探索清楚心灵是如何影响人的身体的，所以无法对此做出准确完整的描述。但可以确定的是，紧张的情绪对自主神经系统存在着明显的影响。拍桌子、咬嘴唇或者撕扯什么东西，只要这个人紧张了，就必然会通过某种行为来展现。这些行为告诉我们，这个人已经无法承受环境造成的压力了。一个人在陌生人面前突然面红耳赤、手足无措、肌肉颤抖，也是紧张的表现。紧张还能通过自主神经传导到全身，在情绪爆发时，整个身体都会处于高度紧张状态。现在的问题是，紧张的表现并非在每一点上都十分清晰，我们在讨论这些病症时，都是那些已被发现的现象。如果仔细检查，就会发现身体的任何一部分都会受到情绪的影响，而这些身体的反应都是心灵与肉体活动的结果。我们需要做的是认真分析心灵与肉体之间的互动，因为这两者都是我们关心的人的整体的组成部分。

据此我们当然能得出这样的结论：生活方式以及与其对应的情绪倾向，会持续对身体产生影响。儿童如果能更早地确定自己的生活方式，并且我们也有足够的经验，那么我们就能对他们在未来生活中的身体表现有所预见。具有足够勇气的人，会把这种性格特质表现在自己的身体体质上。这个人的身体体型会很不一样，如发达的肌肉、自信的姿态。态度很可能对身体的成长起着很大的作用，也许是一个人拥有健美的身体的部分原因。我们可以看出，勇敢者的表情也是跟普通人不同的，由此导致他的整体外形异于常人，甚至会影响到他的骨骼结构。

到了今天，我们已经很难忽视心灵对大脑的影响。在这一点上，病理学为我们提供了很多案例，例如大脑右半球受损后，会导致读写能力的丧失，但这种能力能够通过对大脑其他部分的训练而得到恢复。经常能看到，那些中风患者，大脑受到了永久性损伤，可是大脑的其他部分却能够弥补受损部分丧失的功能，使得大脑能继续承担对身体的控制。这种案例对个体心理学所主张的教育应用非常重要。如果心灵能对大脑施加类似的影响，如果大脑只是心灵的工具——尽管是最重要的工具，但依旧是工具——我们就有可能找到改善与进一步开发这种工具的方法。那些天生大脑就有缺陷的人，完全不需要在自己的一生中都受到这种缺陷的限制，他们也可以找到让自己的大脑适应生活的方法。

那些确定了错误目标的心灵——比如那些没能很好地发展合作能力的人——对大脑的发展也无法施加好的影响。那些缺乏合作兴趣与能力的儿童，会在生活中表现出智力与理解能力的不足。一个人在生命的最初四五年里建立起的生活方式，会在其成年后影响到他的言行举止。而且我们也能清晰地看出，他所赋予生活的意义是怎样的。由此我们能发现他的合作能力的缺失，从而帮助他校正自己。在个体心理学领域，我们已经朝这个方向迈出了第一步。

3. 心理与生理类型的关系

已经有过很多学者指出下列现象：在心灵与肉体之间存在着一种固定的关系模式，但没有谁试图去找到这种关系存在的特征。例如，德国心理学家、精神病学家克雷齐默尔曾说过："如果能由一个人的生理结构，看出他是与某种类型的心灵相对应的，那么我们就能为大部分人类划分出类型，如圆脸、短鼻子等有着肥胖倾向的，正如恺撒大帝说的'我愿身边围绕着肥胖的人，有着圆溜溜的肩膀，能整夜熟睡'。"（《尤利西斯·恺撒》第一幕第二场）

克雷齐默尔认为这样的体型跟某种心理特征相关，但他并没有解释清楚这种关联的原因。经验告诉我们，这类体型的人似乎并没有生理上的缺陷，他们的身体完全能够适应我们的文化。在生理层面上，他们觉得自己与其他人一样健康，他们对自己的力量充满信心。他们并不会紧张，在面临竞争时，他们也觉得自己能全力以赴很好地应对。与此同时，他们不会把对手视为敌人，也不会把生活看作是到处充斥着敌意的。一个心理学派将他们称为"外向者"，却没有给出任何解释。我们之所以称他们为"外向者"，是因为身体并没有给他们带来任何困扰。

　　克雷齐默尔没能区分出的另一种相反类型是神经质型的人。这类人看起来都很瘦小，特征是高瘦、长鼻子、蛋形脸。克雷奇默尔相信这类型的人保守并习惯于内省，一旦他们遭受心理疾病的侵扰，很可能成为精神分裂症患者。他们就是恺撒口中的这样一类人："卡西乌斯看上去像总饿着肚子，他想得太多；这样的人很危险。"（《尤利西斯·恺撒》第一幕第二场）

　　这种类型的人很有可能是受到了身体缺陷的困扰，成长过程中过于以自我为中心，因此变得自私、悲观、内向。他们会要求他人更多的帮助，一旦发现自己没得到足够的关注，就会怨恨多疑起来。但克雷齐默尔也承认，能发现很多种的混合类型，即使是那些肥胖型的人也有可能发展出瘦长型人的心理特征。如果环境因素以另外的方式给予他们更多的压力，他们也会变得胆小羞怯、容易沮丧。这表明了这样一个事实，那就是，如果有计划，也能把任何儿童变成神经质型的人。

　　如果我们拥有足够的经验，我们就能从一个人的种种表现中，判断出他与人合作的总体能力。合作的需求总是在不断对我们施压，而我们一直都在企图靠直觉找到各种暗示，来帮助我们在混乱的生活中更加稳妥准确地确定我们的方向。必要性一直在对我们提出要求，虽非科学，但是，在每次历史大变革前，人类的心灵都会有着对变革的需求，并且总是在努力想要促成变革的到来。需要明白的是，单靠本能来做出决定往往是会犯下错误的。同样人们也不喜欢那些具有明显特征的人，例如驼背的畸形者。尽管对其还没有充分的了解，但是从一开始就决定了这种类型的人不适合做合作对象。这是个错误，但人的判断或许是基于经验的。目前还没找到更好的办法来改变这种情况。这些人身上那些看得见的缺陷往往会被过分强调，从而使得这类人成为大众迷信的牺牲品。

现在我们来做个总结。人生命最初的四五年里，是儿童确立自己心灵目标的阶段，这一阶段是心灵与肉体之间确立最根本的关系的关键阶段。他会形成自己的一套生活方式的定式，包括行为方式与情绪表达方式。对合作的认知以及程度的确定，也是在这个阶段。通过一个人的合作程度，可以判断并了解这个人。所有失败者都有一个共同点，那就是合作能力低下。现在，我们已经能为心理学下更进一步的定义了，这个定义就是对合作能力缺乏的了解。既然心灵是一个整体，而同样的生活态度也贯穿了它的所有表现，因此，人的情绪、情感和思想必定会完全符合其生活方式。如果我们看到一种情绪造成了非常明显的困难，而且与个人的利益背道而驰，那么仅仅改变这些情绪是毫无用处的。它们不过是个人生活方式的真实体现，只有改变生活方式才能将它们彻底根除。

正是个体心理学为教育和治疗的前景提供了一个特殊的引导。这个引导就是不能就事论事地进行治疗，因为任何病症与症状都不是孤立的，都是来自整体的具体表现。我们要做的是从整体的生活方式中，在对心灵、对经验的解释方式中，在赋予生活的意义中，在它为应对从身体与环境得到的印象的回应中，找到问题的症结所在。这才是心理学应该做的工作。至于那些用针去扎孩子看他们能跳多高，挠痒痒看他们笑得有多厉害，这些都不该被称为心理学。尽管这些做法在现代心理学界十分普遍，或许它们也能告诉我们一些与心理学相关的东西，那也只限于为心理学提供用来证明固定并且特殊的生活方式存在的证据。

生活方式是心理学最适当的对象和研究方向，着眼于其他对象的心理学流派，很大程度上偏向了生理学和生物学。对于那些研究刺激与反应的人，试图找出震惊经历所带来的后果的人，以及那些研究遗传能力并观察这种能力发展过程的人，这种说法也同样正确。然而，在个体心理学中，我们考虑的是精神本身，是完整的心灵。我们研究的是个体赋予世界和他自身的意义，他的目标、努力的方向，还有他们是如何处理生活中遇到的问题的。迄今为止，我们找到的了解心理差异的最有效的方法，就是对合作能力的检视。

第三章 自卑感与优越感

我曾说过，自卑感并非变态。它也是人类改善自己处境的动力之一。例如，正是因为对未来的渴望，以及对自己无知的意识，才使得科学得以兴起。

1. 自卑情结

作为个体心理学最重要的发现之一,"自卑情结"似乎已广为人知。许多学派和心理学家都采纳了这一概念,并依照自己的方式在实践中运用。但我不敢确定,他们是否确实了解并正确地在应用这个概念。举个例子,如果只是告诉患者他正遭受自卑情结的危害,是没有任何实际用处的,其结果只能是进一步加深他的自卑感,却无法帮助他找到克服的方法。我们必须找出他表现在他的生活方式中的无力应付之处,必须在他缺乏勇气去面对的方面给予他鼓励。每一个精神心理疾病患者都有自卑情结。因此,自卑情结是不能拿来区分一个精神心理疾病患者与一个普通病人的。我们应该做的是从让他觉得自己无力继续面对的环境类别,以及他对自己的努力和行为的限制上,来把他与其他病患区分。如果只是告诉这个人"你正被自卑情结困扰",那是无济于事的。这跟对一位头痛患者说"我知道你的头正在痛"是一样不能解决任何问题的。

很多精神疾病患者,如果问他们是否觉得自卑,他们都会摇头否认,有的甚至会说:"恰恰相反,我觉得自己比身边的人都强。"因此,不要去问,而是去观察他们的一言一行,人的行为会透露出人的本性。我们可以借助这位精神心理疾病患者否认自己自卑，反而强调自己很强大的这一点，首先来向他保证他是很重要的。比如这样做——面对一个总是表现得傲慢自大的人，我们猜测这个人的真实感受是"别人都看不起我，我必须要表现一下我是怎样的人物"。如果我们看到一个人说话时手势和表情过多，我们能判断这个人其实是觉得"我不对我说的加以强调的话，我说的就会被人忽视"。那些行为举止总是想凌驾于人的人，我们也可以怀疑，在他身后存在着需要他做出特殊努力才能抵消的自卑感因素，就像在乎自己个子矮的人，会不经意地踮起脚走路。当你看到两个孩子在那比身高时，你可以看到那个担心自己的身高的孩子，会把身子挺起来，他的姿态看上去会显得紧张僵硬，实际上他是为了让自己显得更高些。要是问这个孩子"你是不是觉得自己不够高"，这个孩子通常都会毫不犹豫地加以否认。

这并非是在说，有强烈自卑感的人，就一定会是一个显得柔顺、安静、拘谨、与世无争的人。自卑感的表现方式各种各样，我或许能用三个孩子第一次被带到动物园的故事来说明。当他们站在狮子笼前时，第一个躲在了妈妈的身后，浑身颤抖着说："我要回家。"第二个孩子站着不动，脸色苍白，用颤抖的声音说："我一点也不害怕。"而第三个孩子盯着狮子问："我能向它吐唾沫吗？"事实上这三个孩子同样感受到了自己所处的弱势地位，但他们都用了与自己的生活方式相符合的方式来表达。

我们每个人都有自卑感，仅仅是程度上的差异。因为我们都会发现自己所处的环境有不尽如人意处。如果我们能保持拥有勇气，就能以唯一完美的方式——改善环境——来直接、现实地摆脱这种感觉。没有人能长期忍受自卑感，自卑感会促使一个人采取行动，来消除自己的紧张。但假如丧失了信心，他不再认为脚踏实地的努力能改善自己的处境，却又仍然承受不了自卑感带来的压力，他还是会继续设法去摆脱，不过采取的方式没法让他获得改进。他们的目标仍然是"凌驾于困难之上"，却不再试图克服障碍，而是用虚幻的优越感来麻痹自己。与此同时，他们的自卑感会日积月累，因为造成自卑感的环境没有改善，问题没有解决。接下来，他采取的每一个步骤都是在把自己引入自我欺骗中，压力会越来越大。如果我们只看到他的行为，而不试着去了解产生这类行为的原因，我们会认为这些行为是杂乱无章的，毕竟看不出他们有任何改善处境的计划。这类人的所作所为都让我们不得不这样认为：他在努力使自己顺利起来，却不再企图改变所处的环境。如果他觉得自己过于软弱，就会设法逃到一个他认为能使自己获得强大感的环境里。他不是用实际行动锻炼自己、去适应环境，而是让自己显得强大起来。他们自我愚弄的努力只能在某些部分获得成功，当他们感到无法应付时，就可能变成一个暴君，以此来确认自己的重要。但无论如何，他也无法消除自己的自卑感。由于这样的自卑感产生的环境依然存在，他所拥有的也就仍然是旧的自卑感。这样的情形下，自卑感会变成长久存在的潜流，我们把这种自卑感称为"自卑情结"。

我们现在来给自卑情结下个定义。当一个人面对他无法应对的一个问题时，他对自己表示无法处理这个问题，这时候出现的就是自卑情结。从这个定义，我们可以看到，愤怒、哭泣和道歉是一样的，都可能是自卑情结的表现。由于自卑感总是导致紧张，所以相伴而来的常常是争取优越感的补偿性举动，但这些举动的目的并不是为了解决问题。这种谋求优越感的行为总是指向生活中无意义的一面，真正的问题却被掩盖或者避而不谈。他会有意无意地限制自己活动的范围，只是为了避免失败，同时也规避了成功。在困难面前，他表现出的是犹豫不决，甚至退却。

这种态度在广场恐惧症病例中表现得最典型。这种病症表现出一种固执，认为自己不能走太远，必须留在熟悉的环境中，生活中危机四伏，他必须避开它们。如果紧抱这种态度不放，个体就会将自己困在一个房间里，甚至拒绝下床，最极端的表现就是自杀。

在面对困难时，这个人选择了放弃努力去解决，因为他确信自己无力改变现状。当我们认识到自杀常常是出于一种谴责或复仇时，就能理解，自杀行为中包含着对优越感的争取。自杀者总是将责任归咎于他人，仿佛是对他人说："我脆弱、敏感，而你却对我如此残酷。"

某种程度上，所有的神经官能症患者都会限定自己的活动范围，并尽量避免与外界的接触。他们竭力与现实保持距离，让自己处在一个自我感觉能控制的环境下。以这种方式，他们为自己建起一座狭小的城堡，关上所有门窗甚至拒绝阳光、清风和新鲜的空气进入，就那样与世隔绝地度过一生。至于是选择恐吓还是摇尾乞怜，则要看他们的经验是怎样的。他们会在试过所有熟悉的方法后，最终选择一种最容易、最有效的方法来作为常用的手段。无论最终选择的手段是哪一种，目的都是为了获取优越感。

通常情况下，当一个孩子发现眼泪最能让他人关注自己的时候，就会变成爱哭的孩子，而爱哭的孩子又很容易成为忧郁症患者的成人。眼泪和抱怨——我称之为"水性力量"（water power）——是拒绝合作并驾驭他人的有效武器。这类人跟那些过度害羞、善于扭捏作态以及有罪恶感的人一样，可以从他们的举止中看出自卑情结来。他们默认自己的软弱，承认自己没能力照顾自己，但被他们隐藏起来的是强烈的超越一切、唯我独尊的企图。与之相反，那些喜欢说大话的孩子，给人的感觉是自大，但如果能透过他们的言语去分析他们的行为，就不难发现这样的孩子自己不承认的自卑情结。所谓的"俄狄浦斯情结"（oedipus complex），事实上是精神心理疾病患者"狭小城堡"的一种特殊形式。

一个人如果无法在外部世界里解决自己的性爱问题，那他就根本无法解决这一问题。如果这个人的活动范围仅仅局限于他的家庭的话，那么他的性爱问题就必须在家庭范围内解决，这是不足为奇的。因为他的不安全感导致他从没把自己的关注范围扩展到最熟悉的几个人之外。他害怕超出自己熟悉的范围后，会没有能力控制局面。俄狄浦斯情结的牺牲品大多是那些享受到过度母爱的孩子，他们接受的教育让他们以为自己的欲望是具有毋庸置疑的优先权的，却从不知道，靠自己的努力能在更大的范围里获得关怀与爱。这样的孩子一直到成年后，还是摆脱不了对母亲的依赖。这样的结果使得他们在寻求爱情时，寻求的不是平等的伴侣，而是母亲那样的奴仆。任何孩子都有可能拥有俄狄浦斯情结，只要我们能让他的母亲过度溺爱他，从而限制他的兴趣范围只在以母亲为中心的范围内，同时缺乏父爱就行。

各种精神心理疾病都表现出受限制行为的现象。例如从口吃者的言语中能看到一种犹疑不决。因为残余的社会需求感促使口吃者与他人发生联系，但他的自卑感，他因失败经验造成的对尝试的恐惧心理，却与他的社会需求感相冲突，因此才会出现言语上的犹疑不决。那些在学校里各方面总是落后的儿童，那些年过30却仍然没有稳定工作的男人或女人，那些强迫症患者，还有那些害怕在白天工作的失眠患者，这些人都会存在自卑情结。这种心理问题严重妨碍他们处理自己的生活、工作问题。至于那些有手淫、阳痿与性倒错问题的人，在接近异性时会无法确定自己的行为是否正当。加以分析后，你会发现，他们总是过高地确定自己的目标。如果问他们为什么这样害怕行为不当，那么可能的回答只有："这些人总是把自己的目标定得过高了！"

我曾说过，自卑感并非变态。它也是人类改善自己处境的动力之一。例如，正是因为对未来的渴望，以及对自己无知的意识，才使得科学得以兴起。科学正是人类对改善自己处境的需求，对未知的探求欲，在试图控制自然过程中努力的结果。在我看来，人类的全部文化甚至都是建立在自卑感前提下的。如果这样设想一下，一个外星人来到地球观光，他一定会有这样的感受："这些人类，看看他们的社会和制度，看看他们为了获得安全感做的努力，看看他们以房屋遮风避雨，以衣物避寒保暖，还有修建道路街道以获取便利的交通——很显然，他们一定都认为自己是这颗星球上最弱小的一群！"在某些方面，人类的确是弱小的。我们没有狮子、猩猩等动物那么强壮有力，大多数动物都比我们更能自如地应付生活的环境。尽管动物中也会通过群体生活来弥补个体的不足，但只有人类，合作的需要才最强烈、最不可或缺。

就拿人类的婴儿来说吧，人类在婴儿期是最弱小的，需要得到多年的保护和照看。因为每个人都曾经是稚嫩弱小的婴儿，因为人类如果不合作就会完全受环境宰割，所以我们可以理解。假若一个儿童没有学会与人合作，他就必定会走向悲观，并牢牢地被自卑情结控制。我们还能明白，即使是最具合作精神的人，生活也会不断地提出新的需要解决的问题。谁也不可能已经达到完全控制环境的程度。我们的生命太短暂，我们的身体又太弱小，而生活的三大问题又不断地要求得到更丰富圆满的答案。我们不停地给出答案，却不能满足于现状止步不前。新的问题在不断产生，人类的奋斗也就一刻也不能停止，也只有那些善于合作、勇于合作的人才充满希望。

我们永远无法实现最终目标。这个事实是毋庸置疑的。如果我们能想象出一个人或整个人类，已经抵达一个再没有任何困难的境界，那我们就同时也会想象到——在这种环境下，生活肯定是沉闷无比的。每件事都能被预料到，每件事都能被提前计算出，明天不会带来任何出乎意料的可能性，对于未来也没有什么好期望的。人的生命的乐趣，主要源于不确定性的比比皆是。如果每件事都已确定，再也没有什么事是需要探讨或发现，科学也就走到了尽头，身边的茫茫宇宙也只不过是一个讲过两遍的故事罢了。那样的结果只会是，连艺术和宗教这类能带给我们快乐的对象，也不再有任何意义。正是因为人类需要不断奋斗，才会有无穷的新的发现出现，给予我们新的合作与奉献的机会。

精神心理疾病患者在开始奋斗时，就遭遇了阻碍，对所遇到的困难的解决，他永远都停留在最低的水平上，并且因此困难的难度会越来越大。但是从一开始，正常人则是在解决问题时会逐步改进自己的方法，能很好地面对每一个新出现的问题，给出新的答案。因此，他拥有对他人做出贡献的能力。他不会让自己成为别人的负担，不需要也不要求得到特殊照顾。相反，他根据自己的社会感觉和本身需要，充满勇气地独立解决自己的问题。

2. 优越感的需要

任何人都有对优越感的需要，同时拥有属于自己的优越感目标。这个目标来自他赋予自己生活的意义，这种意义不仅仅是说说而已。它融汇在他的生活方式里，像一首独特的乐曲的旋律一般贯穿其中。这个目标并不是简单明晰、能被我们一眼就看清楚的。对于这个目标，他的表现是含糊的，因此我们只能从这个人的言行举止中去猜测。了解生活方式就像阅读一首诗歌。诗歌的意义从来也不会只在字面，一首诗的含义总是远多于它的字数，需要我们从字里行间去把隐藏着的意义挖掘出来。一个人的生活方式也一样是复杂丰富的，作为心理学家就必须要学会分析研究展现出来的那些东西，也就是说要学会欣赏生活的意义这门艺术。

除此之外，看不出还有别的什么办法。生活的意义的获取，是在一个人四五岁这个阶段。这样的获取不是如同数学习题一般，而是盲人摸象，依靠的是人的感性，然后自己给出解释。同样，一个人的优越感也是通过逐步摸索一点点建立起来的，然后，就成为人的生活目标，成为人奋斗的方向。它是动态的，而不是像航海图上的一个静止的点。没有人能准确清晰地描绘出自己的优越感目标。也许一个人能很清楚自己的职业目标，但这不过是他总体目标的一个很小的组成部分。即便目标已经具体化了，但抵达的途径千差万别。比如一个人想成为一名医生，但想要成为一名医生，他需要做很多不一样的事情。不仅是希望成为一名比如病理学的专家这样简单，他还要拥有对人对己不同于一般人的兴趣。我们还要看，他帮助同类到什么样的程度，以及他对这种帮助的限制。当他把这种目标用来作为对自己特有的自卑感的补偿时，我们要能从他的职业表现以及其他表现中，看出他所要补偿的自卑感来。

很多医生在其儿童期就已经面对过死亡。死亡的事实很早就给予了他们"生命是脆弱与不安全的"的深刻印象。也许是他们的兄弟姐妹或者父母的死亡，促使他们在以后的学习中确立的目标是为自己和他人找到更安全、更能抵抗死亡的方法。另一个人也许立志成为一名教师。但我们也知道，每个教师间的差异是很大的。假如一名教师的社会责任感很低，并且把做教师当作是获取优越感的手段时，他就会想要统治那些比自己社会地位低的人，而且只有跟那些相对弱小更缺乏经验的人在一起，才能感觉到安全。而那些拥有高度社会责任感的教师，会平等地看待自己的学生，他是真正想对社会有所贡献的。我们需要特别强调教师之间能力与兴趣的差异，他们的目标对他们的表象也会造成很大的差异。

一旦目标明确，个人就会为了实现这个目标，对自己的潜能加以限制和压缩。他的整个目标会出现变动，但总是会按照最初的设定朝前进展，无论出现什么情况，它都会找出办法来实现他赋予生活的意义以及为他争取获得优越感这一最终理想。

因此，无论是谁，我们要做的都是透过表面现象看到其实质。一个人很可能改变他实现目标的具体方法，就像他很可能变换自己的职业一样。因此，我们需要找出的是蕴含在这些变动下的不变的核心，也就是整体的人格。这个整体是不会因为表现方式的改变而改变的。这就好比一个三角形，当把它按不同位置、不同角度摆放时，它看上去会不一样，但只要稍微用心观察，就不难发现，这个三角形其实是始终如一的。一个人的整体目标也是如此，它不会在具体的表现中完全显露全部的自己，但我们能从它的综合表现里发现它完整的面目。我们绝对不应该这样对一个人说："只要你做到了这些或者那些事，你就能满足你的优越感。"对优越感的追求是富有弹性的，事实上一个人健康程度越高，越接近正常，他就越能在最后找到新的途径去实现自己的目标。只有那些精神心理疾病患者，才会认为为了达到自己的目的，只有唯一的出路，没有别的选择。

我们不要轻率地为任何对优越感的特别追求做评价，但我们从所有追求优越感的目标中，发现了一种共有的因素——想要成为神。这一点我们能在儿童的身上看得很清楚。儿童们会这样说："我想成为上帝。"很多哲学家也有类似的理想，而有一些教育家也一样，希望把孩子们教育成神。古代那些宗教训练里，也存在着同样的目的，信徒们必须努力把自己修炼得接近于神。成为神的理想曾经以一种较为温和的形式体现在"超人"这个概念上。据说在尼采（Nietzsche）精神失常之后，曾在一封写给斯特林堡（Strindberg）的信中署名"被钉上十字架的人"（The Crucfied）。由此可以看出，在他的理想中也存在这样的因素。

精神失常的人常常对自己的优越感目标不加掩饰，他们会坚称"我是拿破仑"或"我是中国皇帝"。他们渴望成为世界关注的中心，被全人类膜拜，成为那个掌控着超自然力量的主宰，能预言未来，能通过无线电和全体人类交流并聆听任何人的对话。而有的时候，这种想要成为神的愿望也会以较为理性的方式，体现在想要拥有无所不知的智慧的欲望中，或者是想要不朽的愿望里。无论其想要获得的是肉体生命的不死，还是通过轮回一次次复活，要不就是幻想能在另一个世界里不朽，无不都是以满足神的欲望为基础的。在宗教教诲中，只有神才是不朽的，才能永生。我不打算在这里讨论这样的观点的是是非非，它们无不都是对生活的解释，是"意义"。而我们都以不同的形式在采用这种意义——成为神，或者成为圣人。甚至就是那些无神论者也是在把对神的胜利、对神的超越作为自己的目标。这是一种最为强烈的优越感。

优越感的目标一旦被确立下来并具体化后，在生活方式中就不会出现偏差。无论是个人的习惯还是一种病症，就达到具体目标来说，都是正确的，是无可非议的。任何一位问题儿童，一个精神心理疾病患者，一个酗酒者、罪犯或者性变态者，都是在采取适合他们的目标的行为，目的都是取得他们心中的优越地位。至少他们自己是不可能抨击自己的病症的，因为相对于他们的目标，他们的病症是理所当然的。

有一名男孩在学校是全班最懒惰的学生，有次老师问他："你的功课为什么总是这样糟糕？"他回答道："只要我是这里最差的学生，你就会一直关注我。你不会去过多地关心好学生，他们又不在课堂上捣乱，学习又好，完全不需要你去关心。"这类情况，只要他的目的就是吸引老师的注意并给老师制造麻烦，他就不会改变自己。这样你不可能让他不再懒惰，因为懒惰是他达到目的的唯一的手段。从他的角度来讲，这样做是完全正确的，否则他就是傻瓜。还有一个男孩，在家时非常听话，但看起来有点笨，在学校也是一个差生。他有个大他两岁的哥哥，而他哥哥的生活方式与他截然不同，又聪明又活泼，但总是因为冒失而惹麻烦。一天，有人听到弟弟对哥哥说："我宁愿像现在这样笨，也不愿像你一样是个冒失鬼。"如果我们知道这个孩子的目标就是避免麻烦，那么他的"笨"就是最明智的做法。正是因为他的愚笨，别人才不会对他有更高的要求，即使是犯错了，他也更容易得到别人的原谅。也就是说，愚笨仅仅是他的手段。

　　时至今日，流行的治疗方法都是针对具体的病症。但无论是在医学还是教育层面，个体心理学都反对这种做法。如果孩子的数学落后于其他学生，或者是很难完成他们的作业，我们若只是注意这些，想要让他们在具体方面有所改进，那是没有效果的。他也许是为了给老师制造麻烦，也许是想要被开除以便能逃避学校。如果纠正了他某个具体的方面，他还会去找别的方式来达到自己的目的。这与成年人的精神心理疾病表现完全一样。例如，一位患有偏头痛的病人，通常情况下这种头痛对他很有用，每当他需要帮助时，都能随时开始发作。因为他的头痛能帮助他回避很多的社交困难，每次当他需要见某位不熟悉的人时，他就会头痛发作。与此同时，这种头痛还是他对他人随心所欲发脾气的最好手段。怎么可能指望这个人不再头痛呢？站在他的角度，按照他的观点，他的痛苦不过是一种策略，能带来远超过痛苦的回报。当然，我们可以用一些极端的手段比如电击或者吓唬他需要手术，来"吓走"他的头痛，正像这样的治疗手段能吓走战场神经病（shellshocked）一样。也许治疗能让他得到头痛的解脱，也让他不再使用这种特殊手段的病症，但不改变他的目标，他就还会找到另外的方式，也许是失眠或者别的什么病。

有一类精神心理疾病患者能令人吃惊地迅速摆脱自己的病症，并马上换成另外一种。这类患者就像是精神心理疾病症状的收集者，总是在不断扩充自己的收藏目录。他们会大量阅读心理学方面的书籍，但阅读的目的是寻找到新的病症来作为自己可能的选项。对此，我们应该做的是找到他们这样做的目的，以及这种目的和优越感之间的关联。

假如我在教室里放一架梯子，爬上去，坐在黑板的上方，任何看到我的人大概都会想："阿德勒博士疯了。"他们不明白为什么要有梯子，为什么我要爬上去，为什么我要坐在这样一个引人瞩目的难堪的位置上。但如果他们知道我爬到这样高的位置坐下，是因为我只有处在比别人高的地方才能不再感到自卑，只有俯视着学生才能感到安全，就不会为我的举动感到吃惊了。这时候，我采用的是一种很明智的手段，来达到我的目的。

梯子看起来是一个非常合理的工具，而我爬上梯子的行为也就是计划周详、执行得当的了。我的疯狂只在于一点，那就是我对于优越感的解读。这时候如果有人能说服我相信"我的目的实在太烂"，那么我就会改变我的行为。但如果我不改变我的目的，而梯子被拿走了，那么我就会用椅子继续这样干；假如连椅子也被拿走，那么我就会采取跳跃或者攀爬的方式。所有的神经病患者都是一样的，他们选择的手段相对于他们的目的都是正确的，都无可厚非。他们需要改变的不是手段，而是目的。目的的改变必然带来习惯与态度的改变。那些适合于他新的目标的态度与行为，就会取而代之。

　　让我们来看一位 30 岁女士的例子。她因为焦虑和无法与人交流来寻求我的帮助。她在工作方面很难取得进展，于是只能靠她的家庭来供养。她也会偶尔做一些如打字、整理文件之类的简单工作，然而不幸的是，她所遇到的老板都会向她求爱，这使得她不得不多次离职。可当她再度找到工作后，却发现这位老板对自己毫无兴趣，结果是她感觉自己受到了轻视，并再一次离职。

　　她来找我之前，已经接受过很多年的心理治疗——我估计大约有八年——但一直都进展不大。她并没有改善自己与人交往的能力，也就依然无法找到一个足以养活自己的职业。

　　在我接手后，我追溯她的生活方式一直到她的童年时期。

不了解童年，是不可能理解成年人的。这位女士是家里最小的孩子，非常漂亮，受宠程度令人难以置信。那时她的家庭环境很好，父母对她有求必应。当听到这里时，我赞叹道："你像公主一样被抚养长大。""对呀！"她说，"那时每个人都叫我公主。"我要求她回忆最初的记忆，她告诉我："四岁时，我有一次走出房子，看到一些小孩在玩游戏。他们不断跳起来大声喊'巫婆来了'。我吓坏了。回到家后我问我的乳母，是不是真的有巫婆。她说'当然有，有很多巫婆、小偷、强盗，他们会跟着你到处跑'，从那之后，我就开始害怕一个人待在屋里。"她的这种害怕一直在她生活的形式里表现了出来。她一直都觉得自己没有做好走出去的准备，家人也支持她如此，并给予她尽可能的帮助。在她的早期记忆中，还有一个记忆很深的经历，她说："我有过一位男钢琴教师。有一次他想要吻我，我跑去告诉了我母亲。后来，我就不想再弹琴了。"由此我们可以发现，她很早就开始学会跟男性保持距离，在性的方面，她都是在遵循避免发生纠葛的原则。在她的意识里，恋爱是软弱的表现。这里我觉得有必要说一下的是，很多被卷入到爱情纠纷里的人，都会觉得自己是软弱的。从某个角度来看，这并没有错，因为在恋爱时，我们都会变得比平时温柔，对另一个人的兴趣会导致很多烦恼。只有那些把自己的优越感定义为"我不能软弱，一定不能让别人知道我的底细"的人，才会把爱情看作是软弱的表现，才会逃避爱情。这样的人在遇到爱情时，会变得很糟。他们会讥讽、嘲笑那些可能让自己陷入危险的爱情里的对象。因为这能让他们远离自己认为的软弱。

这位女子也是如此。她在涉及爱情与婚姻时就会感到软弱。结果一旦在工作中遇到男人向她表示爱意时，她就会惊慌并选择逃跑。当她还没学会如何面对这些问题时，她的父母就相继去世，于是她的公主城堡也随之坍塌。她虽然也尝试找了一些亲戚来照顾自己，但一切并未能如她所愿。一段时间后，亲戚们都对她厌倦了，再也不愿给予她所想要的照顾。于是她非常生气，责备这些亲戚说："你们让我独自生活是危险的。"这样，她才勉强避免了孤独生活的危险。我敢肯定，如果她的亲戚们再也不为她烦心，她会疯掉。要达成她的优越感目标，唯一的办法就是强迫亲戚照顾她，让她避免去自己应付所有的生活问题。在她的潜意识里，她认为："我不属于这个星球。在另一个星球上，我是一位公主。这个可怜的地球完全不懂我，不明白我有多重要。"再进一步，她就会疯掉。她之所以没有走到这一步，主要是因为她有些亲戚还愿意照顾她。

还有一个例子，能很好地展现自卑情结和优越情结。

一位 16 岁的女孩被送到我这里来。她从 7 岁开始就偷窃，12 岁开始就跟男孩子在外过夜。在她两岁时，她的父母在长期争吵后，终于离了婚，她母亲把她送到祖母家抚养。这孩子的祖母非常宠爱她。在她出生时，是她的父母争吵最严重的时期，所以她母亲不欢迎她的降临。这位母亲一直都没喜欢过自己的女儿，母女之间关系非常紧张。我很友善地跟这个女孩交谈，她告诉我："我并不喜欢拿别人的

东西，也不喜欢跟男孩一起四处游荡。我这样做就
是想让我妈妈知道，我不需要她管我！"

"你是为了报复她？""我想是的。"她仅仅是想要证明自己
比母亲强大，但她之所以把这当作是自己的目标，其实说明了
她内心深处认为自己比母亲弱小。她感觉到母亲不喜欢她，并
因此受到自卑情结的困扰。她想要从中争取到一点优越感，想
到的唯一办法就是制造麻烦。如果儿童有偷窃或其他不良行为，
那多半都是出于报复。

> 有一位 15 岁的女孩失踪了 8 天。在被找到后，
> 她被带到了少年法庭。在那里她编了一个故事，说
> 有个男子绑架了自己，把她关在一间房子里 8 天，
> 没有人相信她。医生和她谈话，要求她说出实情。
> 她却暴怒起来，一巴掌扇在了医生脸上。当我见到
> 她时，我问她将来想做些什么，并让她感觉到我只
> 是对她的未来感兴趣。在我要求她讲一个自己曾做
> 过的梦时，她笑了，告诉了我下面这个故事："我从
> 一间地下酒吧出来时，遇见了我母亲。很快，我的
> 父亲也来了，我请求妈妈把我藏起来，我不想被父
> 亲看到。"

这个女孩害怕父亲，而且还在对抗他。他常常惩罚她，正
因为害怕惩罚，她只好撒谎。不管什么时候听到撒谎的案例，

我们都应该要看看是不是有严厉的父母存在。除非真相是可能带来危险的，否则撒谎就毫无意义。另一方面，我们能看出，这个女孩与她的母亲还存在着一定程度的信任与合作。后来，她向我承认，是有人引诱她去的那家地下酒吧，她在那待了八天。因为害怕父亲知道才不敢说出实情，但与此同时，她又非常想让自己的父亲知道这件事，这样就可以让她感觉到自己战胜了父亲。对于父亲，她一直都认为自己是处于受迫害的地位，只有伤害了父亲，她才会有优越感。

对于那些使用错误的方式寻求优越感的人，我们要怎样才能帮到他们呢？如果我们承认，对优越感的追求是人类的共性，那么就要好办很多。因为这样我们就能理解他们的所作所为，就能站在他们的立场去想问题，并同情他们的困境。他们唯一的错误就是，他们努力的方向错了。在每个人的行为背后，都隐藏着对优越感的追求，这是我们的文化所决定的，也是我们文化的源泉。人类的活动总是在按照这样一条道路——由下到上、由负到正、从失败到成功——前行。然而，能够主宰自己的生活的，只有那些在奋斗中能做到有利于他人的人，才总是在超越着前行，在自己获得利益的同时，也帮助着他人。只要我们明白这点，并按照这种理念去对待他人，就能帮助那些需要帮助的人改变自己。

一切人类有关价值和成功的判断，最终得出的结论都是合作。这是人类最伟大的共识。对行为、理想、目标、行动和性格特征的一切要求，无不都是基于合作的标准。没有人能完全缺乏社会感。精神心理疾病患者和罪犯同样明白这个公开的秘密。这可以从他们拼命想要为自己的生活方式找到合理性，并总想着把责任推卸给他人的行为中看出。可惜的是，这类人已经丧失了对生活正确的认知，也没有勇气改变自己朝着正确的方向走。强烈的自卑感让他们认为，在合作中获得的成功没有他们的份。他们不再面对真正的生活，而是去跟虚幻的影子抗争，从中获得强大的感觉。

人类的分工决定了有很多的空间用来安置不同的目标。在前面我们说过，任何目标总会存在着一些错误的东西，而实际上我们也总喜欢挑出这些错误来求全责备。一个儿童，他的优越感可能是来自数学，另一个儿童，他的优越感可能来自艺术，而第三个儿童，他的优越感也许是来自健康的体格。那些消化不良的儿童，可能认为自己面临的主要危险是食物，以为只要能控制食物的风险，就能解决一切问题。这样的儿童很有可能将来会成为厨师或是营养学家。从每个特殊的目标中，我们都能看到：真正的补偿经常伴随着某种排他性，以及某种存在自我限制的训练。比如，一个哲学家总是需要经常脱离现实生活，才能安静地进行客观的思考，才能写自己的书。但如果优越感目标包含了很多的社会责任感，则在他的目标里存在的错误，就不会导致太大的损害，而且要知道，我们说的合作是多方位、多样性的。

第四章 早期的记忆

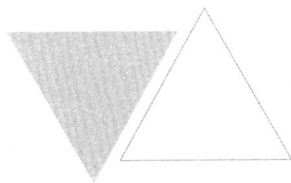

人没有偶然的记忆，被一个人从自己无以计数的印象中选出来作为记忆的，一定是这个人觉得对自己的处境非常重要的东西。他的记忆就是他的"生活故事"，是他在生活中反复用来警示或安慰自己的经验之谈……

1. 人格之关键所在

对争取优越地位所做的努力，是完整人格的关键所在，因此，可以在每个人心灵生活的方方面面发现这努力的痕迹。认识到这点，对我们了解一个人的生活方式有两个显著的帮助。首先，我们可以从任何一种行为开始我们的研究。无论选的是哪一种，结果都是一样，因为都可以由此显现出人格核心的动机。其次，这样的方式能让可供我们选择的材料无比丰富，甚至任何一个字、一段思想、一次感觉，或者是一种姿势都对我们有所帮助。对于那些不慎造成的失误，也能更容易就得到纠正。只有当我们把一种表现看作是整体的一部分去了解，我们才能对其意义做出最后的判断。可以这样说，每一种表现都是在讲述同样的内容，每一种表现都是在驱使我们朝向一致性的答案。对此，我们可以把自己看作是考古学者，正在搜寻陶器碎片、古代工具、建筑物的残垣断壁、那些倾倒了的纪念碑、古籍的残页等等，由此推导出一座已经毁灭的城市曾经的生活。当然，我们研究的不是这类已经毁灭的事物的残留，而是人的生活的内部结构，也就是说，是能让它自身的意义，以连续性的当下表现展现出的活的人的品格。

了解一个人不是一件简单的事。所有心理学类别中，个体心理学可能是最难学也最难应用的。我们总是在全神贯注地找寻，力图找出人格的整体，也必须时刻心存怀疑，直到最关键的地方展现在眼前。我们所做的工作是从细枝末节中获取灵感，例如一个人走进房间的方式，他是怎样握手的，又是怎样微笑的……有时候我们会在某个地方陷入困境，就得靠别的部分来帮助我们纠正自己，或否定，或肯定。心理治疗在本质上就是合作的练习和合作的试验。只有真心诚意地关心他人，对其感兴趣，并设身处地地为其着想，才能获得成功。我们的对象也要尽可能地帮助我们来了解他自己，这就是说，我们需要把他的态度与他遇到的困难一起解决才行。这里需要强调的是，哪怕我们觉得已经把问题解决了还不行，必须要对象也了解了自己。无法解释对象全部问题的真相，不能算是完整的真相，那只能表明我们做得还不够，还没有真正了解我们的对象。也许正因为没有认识到这点，其他心理学派才会提出"正移情和负移情"（negative and positive transferences）的概念。纵容一个放任成习惯的病人或许是赢得他好感的不错的办法，但这同时也会加深他控制别人的欲望。如果反过来忽视他，又可能造成他的不信任甚至敌意，以致他可能拒绝继续接受治疗，也可能等着我们道歉来证明自己的正确后，再继续接受治疗。这也就是说，无论是迁就还是轻视，都不是正确的方式，我们所要告诉他的，是我们把他当作是一个跟我们一样的人。我们和他正在做的事情，既是为了他，也是为了他人，因此必须进行合作来找出他遇到的问题的原因。牢记这一点，我们就不会冒险期待"移情"现象的出现——摆出权威的架势或将他置于依赖和不负责任的处境下。

在所有心灵现象中，最能揭示真相的就是一个人的记忆，而且人的记忆是随时都带在身上，能促使他记起自身的各种局限和经历过的环境的意义之物。人没有偶然的记忆，被一个人从自己难以计数的印象中选出来作为记忆的，一定是这个人觉得对自己的处境非常重要的东西。他的记忆就是他的"生活故事"，是他在生活中反复用来警示或安慰自己的经验之物，是能使他集中精力于自己的目标，并把受过检验的行为模式当作应付当下与未来的手段。从日常的行为中，我们可以清楚地看到，人们是怎样利用记忆来稳定情绪的。如果一个人遭遇挫折，并为之沮丧，那么他就会回想起从前遇到过的挫折。如果这个人性情忧郁，他的所有回忆也自然而然会有更多忧郁的色彩。而当他感到振奋、高兴，充满勇气时，他会选择那些高兴的事情，这些记忆让他更为乐观。同样的道理，如果遇到了难题，他会唤起记忆来帮助自己摆正心态，去应付面临的难题。

记忆的作用与梦的作用类似。许多人在需要做出决定时，会梦到他们曾经成功地通过了某次考验。他们会把自己做出决定看作是一次考验，想要重新构建起那次成功经历的心境。个人生活方式中心态的变化，以及他一般情形下心态的结构与平衡，都遵守同样的原则。即使是忧郁症患者，如果选择回忆起自己成功的经历以及让他快乐的日子，他就不会再忧郁。他不得不反复对自己强调"我的生活是不幸的"，并在回忆时有选择性地选择那些能看作是带来不幸的例子。记忆是不会与人的生活方式相左的。当一个人的优越感目标需要他感到"别人都在侮辱我"，他就一定会选择那些他认为是在侮辱自己的事件来回忆。只要生活方式不改变，一个人的记忆也就不会改变。他会根据生活方式的需要记住该记住的，要不就是对各种事件根据需要做出自己的解释。

2. 早期记忆的重要性

　　早期的记忆是格外重要的。首先，它们展示出的是生活方式的来源，以及其最简单明了的表现形式。我们可以很容易就从中判断出，一个孩子是被溺爱了的还是被忽视了的，以及他对合作的学习程度、对合作的意愿和他曾经遇到过的问题又是怎样应付的……

　　对曾经受到视力问题的困扰，但为战胜这种困难做出过努力的儿童，从他们的早期记忆，我们能找到许多与视觉有关的印象。他们的回忆往往会这样开始——"我环顾四周……"——他们也可能描述色彩和形状。而那些行动困难的儿童，对蹦跳奔跑更加渴望，这些兴趣也会从他们的回忆中流露出来。童年时期记下来的那些事，总是与个人的主要兴趣紧密相关，而我们如果知道了他的主要兴趣，我们就能知道这个人的目标与他的生活方式。这个现象使得早期记忆在职业性辅导中具有非凡的意义。除此之外，我们还能从早期记忆中看出儿童与母亲、父亲以及其他家庭成员之间的关系。在此，记忆是否清晰准确相对而言并不重要，最重要的是早期记忆代表着个人的判断，"哪怕还是个小孩子时，我就是这样的一个人了"，或者"就算小的时候，我已经知道世界就是这个样子的"。

而其中最具启发性的，是儿童讲述他们故事的方式，是他能够想起的最早的事情。第一个记忆往往能体现一个人最基本的人生观、他对生活的最初感受。这种最初的记忆可以让我们看到一个人是以怎样的事物作为自己生活的起点的。在探讨一个人的人格时，我是绝不会不去问这个人关于住处的记忆的。对于这个问题，我们有时候会得不到准确的回答，要不对方就宣称自己记不清了，但这种表现本身也具有启发性。我们可以推测，他们不愿意讨论自己最基本的东西，或者是不愿意合作。但通常人们都喜欢谈自己最初的记忆。因为他们都会把这看作是一件很单纯的事情，而没有意识到其背后隐藏的意义。一般来说，很少有人能了解最初记忆的意义。大多数人都会不知不觉地由自己的最初记忆透露出生活的目的以及和他人的关系，还有对环境的看法。其中还有一点是很有趣的，那就是最初记忆浓缩和简化了这个人的经历，我们能将其利用起来进行更多的探索。当我们要求一个班的学生写下他们的最初记忆，假如我们知道如何做出解释的话，我们就能获得一份对这个班的儿童有着巨大价值的资料。

为了便于说明，我举几个最初记忆的例子来试着解读一下。除了这些人的记忆，我对他们一无所知，就连他们是儿童还是成年人都不知道。我们从这些早期记忆中发现的东西，是可以用他们人格的别的方面的表现来检验的，但现在我只是将其用作训练材料，以便锻炼我们的推测能力。我们首先要知道哪些事是真的，我们也要能拿一种记忆与另一种进行对比。尤其需要看出来的是，一个人所受过的训练，是让他倾向于合作，还是倾向于拒绝合作；他是勇敢还是胆小；是希望受人帮助，还是有信心自立；是准备付出，还是索取。

（1）"因为我的妹妹……"什么人出现在最初的记忆中，这点很重要。当在这个人的最初记忆中有妹妹出现时，我们基本可以断定：这个人曾经受到过妹妹很大的影响，这个妹妹给他留下了阴影。我们通常能发现一种带有敌意的竞争关系。我们也能因此了解，这种敌意与竞争的关系，给这个人的成长造成了某些困难。一般来说，当一个儿童的心中对别人充满敌意时，他绝不会像在想跟人合作时一样，去拓展对他人的兴趣。当然，这样的结论也不能过早得出，也许这两个人是很好的朋友而已。

"因为妹妹和我是家里最小的，在她长大前，有些事我也不能参加。"现在，敌意很明显了。"是我的妹妹影响了我！她比我小，我不得不等她。她害我失去了很多机会！"如果这就是这段记忆的真正内涵，我们可以推测，这位女孩或男孩会觉得"在我的生活中，最危险的就是有人限制我，妨碍我的自由发展"。写下这段话的或许是位女孩。一般来说，很少会有男孩子因为要等小妹妹长到入学年龄，而被限制上学的。

"后来我们在同一天上学。"站在女孩的立场，我们不能说这是最好的教育方式。由于年纪比较大，这可能让她产生一种印象：因为自己比较大，所以要等着别人。在任何情况下我们都能看到，这位女孩总是以此来解释一切。她觉得是因为妹妹，自己才被忽视。她把她遭到的忽视归咎到某个具体人身上，这个人最有可能是她母亲，要是她更依恋父亲，并因此更想让父亲疼爱自己，也一点儿都不奇怪。

"我记得很清楚，上学的第一天，妈妈对每一个人抱怨说她很寂寞。她说，那个下午，她好几次跑出门外去等她的女儿们。她害怕她们不会回家了。"这是她有关母亲的描述，在这种描述里，她的母亲显得很不理智。而这就是女孩对她的母亲的看法——"她害怕我们不回家"。这位母亲无疑是慈爱的，女孩们也感受到了她的慈爱，但与此同时，她也是紧张、焦虑的。如果我们能够与这个女孩谈谈，她也许会告诉我们更多有关母亲对妹妹偏爱的事。这不会令我们吃惊，最小的孩子总是得到更多的宠爱。从这个女孩的记忆里我所得出的结论是：两姐妹中大的那个，觉得是妹妹对自己的敌意妨碍了自己。我们由此看到了她在今后的生活中存有妒忌与竞争的信息。如果她不喜欢比自己年轻的女人，那也在意料之中。有的人一辈子都觉得自己太老，也有许多善妒的女性总是觉得自己不如比自己年轻的同性。

（2）"我最早的记忆是爷爷的葬礼，那时我三岁。"这是一位女孩写的。死亡给了她深刻的印象。这意味着什么呢？她将死亡视作生命中最大的隐患和危险。从童年时期发生在自己身上的事件中，她得出一条定律：祖父是会死的。我们还可能发现，她是祖父最喜爱的孩子。祖父母几乎都宠爱孙辈。他们没有像父母对孩子们那样多的责任和义务，同时又希望孩子们能跟自己更亲，由此来获取亲情的温暖。在我们的印象里，老年人不太容易感到自己存在的价值，有时他们会借由一些简单的手段来确定自己的存在感，比如常常动怒等。在这里，我们更倾向于相信，祖父在这位女孩很小时就跟她关系很密切，祖父的爱给她留下了深刻的印象。因此当祖父去世时，她受到了很大的打击——一个顺从自己的最好的朋友不在了。

"我清楚地记得爷爷躺在棺材里，脸色苍白，身体僵硬。"我不觉得让一个三岁的孩子面对死者是件好事，尤其是在还没让孩子有心理准备前。许多孩子都曾告诉我，死人给他们留下的印象非常深刻，一般都终生难忘。这个女孩也是这样。有过这种经历的孩子，会在一生中都努力着克服死亡带来的不安与恐惧。他们会想要成为一名医生，因为他们认为，医生会比其他人更有能力对抗死亡。"在棺材里躺着，脸色苍白，身体僵硬。"——这是对可见之物的记忆。这个女孩可能是视觉型的，喜欢观察世界。

"在墓地，我看见棺材被放进墓穴，我还记得那些绳子被从粗糙的盒子底下拉出来。"她再一次告诉我们自己所看到过的，这再次证明了我们的推测，她属于视觉型。她还说："这次经历让我害怕，那之后每次我的哪位亲戚、朋友或者认识的人到另一个世界去了，我都会浑身发抖。"

再一次，我们注意到了死亡对她的影响有多深刻。我想，要是我有机会跟她谈话，我会问她："你长大后想做什么？"她也许会回答："医生。"如果她不回答或是回避这个问题，那么我就会给她暗示："你不想当个医生或是护士吗？"她说"到另一个世界去了"，实际上是对死亡的恐惧的一种自我补偿。她的记忆告诉我们：她有一个非常爱自己的祖父，她属于视觉型，死亡在她记忆中有很重要的地位。因此她赋予生活的意义是——我们都会死。我们能从中感到她对于死亡恐惧的某种补偿。死亡是一个事实，但并非每个人都会把注意力集中到这一点，还有很多别的事情足够吸引我们的兴趣。

（3）"当我三岁时，我父亲……"记忆的一开始，她的父亲就出现了。这样我们可以假设，对她来说，父亲比母亲更重要。一般来说，对父亲的兴趣总是出现在成长的第二阶段。这之前，孩子总是对母亲的兴趣更多，因为在生命的最初几年内，孩子跟母亲的联系更紧密，对母亲的需要更多。孩子需要母亲、依靠母亲，因此全部身心都在母亲那儿。如果这个阶段孩子的注意力转到了父亲身上，那么做母亲的就是失败的，显然这是因为孩子对自己的处境有了不满。大多数造成这种现象的原因，是新的孩子诞生了。我很想知道，在她的回忆里，会不会有新的孩子出生。

"父亲给我们买了两匹矮种马。"这就是说家里不止一个孩子，我们必须留意到另一个孩子出现了。"他拉着它们的缰绳把它们牵来。我的姐姐比我大三岁……"现在需要修正一下，原本以为这个女孩是姐姐，但事实上她是妹妹。也许母亲更喜欢姐姐，这就能解释为什么这个女孩会提到父亲和作为礼物的两匹矮种马。

"我姐姐接过一根缰绳，牵着她的那匹马神气地在街上走来走去。"这在她眼里，姐姐是一副胜利者的姿态。"我自己的马紧紧跟着她的马，她的马跑得太快了，我总是跟不上。"这是姐姐走在前面的结果！"我摔倒了，那匹马拖着我在地上跑。这次就是这样，开始很高兴，结果我败得很惨。"在这个孩子眼里，姐姐又一次占了上风。我们可以这样认为，这个女孩其实是在说："如果我不小心，姐姐就会总是赢。我每次都会失败，会趴下。我能做的就是在她前面。"看来，真实的情况是她母亲更喜欢大的那个女儿。

这也就解释了为什么这个女孩会把注意力转向父亲。

"虽然后来我比姐姐骑马骑得好,但这没法让我忘记那次的失败。"到了这里,我们的所有假设都得到了证实。我们能够看到这对姐妹间的竞争。做妹妹的认为"我总落在后头,我得赶上去,超过其他人"。我之前提到过,对于次子女或年纪小的孩子来说,他们的生活中经常会出现一个竞争对手。这个例子正是这种类型。而这个女孩的记忆增强了她的认识,她对自己说:"如果我落在了谁的后面,我就有危险,所以我必须一直保持第一。"

(4)"最早记得是姐姐带我去参加各种聚会和社交活动的。她比我大18岁。"在这个女孩的回忆中,她把自己看作是社会的一部分。可以看出,她有着更高的合作兴趣。大18岁的姐姐对她更像是母亲。在家里,这个姐姐应该是最宠爱她的人。由此可以看出,姐姐曾经用很聪明的方法,让她把兴趣扩展到了别人身上。

"因为在我出生前,姐姐是家里唯一的女孩,她当然喜欢到处向人炫耀我。"看来我们对她在家里的地位的判断有点偏差。当一个孩子被用来炫耀时,那么这个孩子的兴趣就很有可能变成"受人欣赏",而不是做出贡献。"在我很小的时候,姐姐就带着我到处去玩,我记得的关于那些宴会的事,就是姐姐老是强迫我说话，像'跟这位小姐说说你的名字'之类的。"这就完全是一种错误的教育方式了。如果发现这个女孩有口吃或者言语困难，我们不会感到吃惊。通常来说，一个孩子口吃，总是因为他人过多地注意他说话。这样就会给他造成很大的压力，使得他很难自然地去与人交流，而是过于在意自己的说话，以及别人对自己的赞赏。

"我还记得，如果我说不出话了，回家就会被骂，我开始讨厌出门，不喜欢跟人在一起。"现在看来先前的解释需要推翻重来了。我们能看出来，她的最初记忆的真正含义是："我被带去跟人交往，但我发现这并不是一件很愉快的事。这样的经历让我不再愿意有这样的合作发生。"我们可以由此想象，她的这些经历一直影响她到了现在，她不喜欢跟人来往，同时还可以这样说：面对他人，她会感到有压力和过度地注意自己的表现，认为自己必须要去炫耀自己。她是被人训练得与他人不同，很难轻松地与人交往。

（5）"在我小时候发生了一件大事。那时我差不多四岁，我的曾祖母来看我们。"我们已经说过，祖父母们经常会溺爱孙辈。至于曾祖母会怎样，我们还不清楚。"我们拍了一张四世同堂的照片。"看来这位女孩对自己的家族很感兴趣。既然她能如此清楚地记得曾祖母的到访，还有和他们的合照，我们可以由此推导出：她有着很深的对家庭的依恋之情。如果这是对的，我们就会发现，她的合作能力很难超出家庭范围。

"我记得我们开车去了另一个镇子，到照相馆后，我换了件白色绣花的衣服。"很可能这位女孩也属于视觉型。"在拍四世同堂的照片前，我弟弟和我先拍了张合照。"这又一次表现出她对家庭的兴趣。她弟弟是家庭的一部分，我们会更多地看到她和他之间的事情。"他们让他坐在我旁边的椅子扶手上，让他抓着一个很亮的红色的球。"现在开始显露出来了，这个女孩的主要目的是想要告诉人们，她的弟弟得到了家人更多的关爱。我们推测，她并不是很喜欢弟弟的出生，因为这样她原有的地位就被弟弟夺走了。"他们想让我笑，可有什么值得我笑的呢？他们给弟弟安排了一个宝座，还给了他一个鲜亮的红球，可我什么也没有。"

"然后就是拍那张和曾祖母的合照。每个人都想要把自己照得漂亮，只有我不想。我没有笑。"她以此向家庭发出抗议，因为她认为家庭忽视了她。在她的记忆中，她告诉了我们家庭是如何对待自己的。"他们要弟弟笑，弟弟就笑得那么可爱。那之后我就再也不喜欢照相了。"

这个女孩的回忆让我们清楚了大多数人应对生活的方式。我们会用得到的第一个印象，来作为以后所有生活的解释。这个女孩在那次拍照时的经历很不愉快，以至于再也不喜欢照相。这也就是说，当一个人讨厌某种事物，想要找到讨厌的原因，他总是会从自己的经历中挑选出一件来担负解释的任务。这篇早期记忆的回忆，给了我们关于作者人格的暗示。第一，她属于视觉型；第二，也是最重要的，她对家庭有着很深的依赖。这一点可以从她的最初回忆几乎全都是围绕着家庭看出来的。这样看，这个女孩很可能难以适应社会。

（6）"我还记得我三岁半时发生的一个事故。一个为我父母工作的女孩把我们带到了酒窖里，给我们尝苹果酒。我们都很喜欢。"发现地窖藏着苹果酒肯定是很有趣的经历，算是一种探险。如果现在就要给出推断，可以在两种猜测中选择一个——这个女孩喜欢新的经历，充满了好奇与勇气；或者相反，她想说的是，那些更强大的人会怎么样。"一会儿后，我们决定再多喝点，就自己动手了。"这是个勇敢的姑娘，她渴望独立。"不久后，我的腿不听使唤，我没法走动。而且我们还把苹果酒碰倒了，地窖里的地面很湿很滑。"现在，我们已经能猜到接下来一位禁酒者要诞生了。

"我不知道是不是因为这件事，才使我讨厌苹果酒和任何含酒精的饮料的。"就是这样，我们再一次看到了，一个小小的意外成了一个人整个生活态度的成因。如果我们简单地用常识来进行判断，我们很难看出，这样的意外事件足以导致这样影响深远的结果，但很明显，这个女孩内心里的确是因此才不喜欢酒精饮料的。她很可能是一个很善于从错误中汲取经验教训的人。她也许有很强的独立性，勇于承认并改正自己犯的错误。有这个特征，我们可以勾勒出她的全部生活来。她似乎是在说："我犯错了，但当我发现这是过错时，我马上改正了。"如果这种判断符合真实的她，那么我们可以断言，她是一个好的典型——主动、自立、有勇气，敢于面对环境并努力改变。

以上所有的例子，都只是在训练我们的推测能力。在我们能确认自己的推测结论准确前，我们还需要更多地去观察人格的其他方面。现在让我们看看下面几个例子，从这些例子中，我们能看出人格的一致性来。

有一名 35 岁的男性焦虑症患者来向我求医。他的症状是，只在走出家门后才会发生焦虑。他曾经几次找到过工作，但每次只要他走进办公室，就会痛苦难耐、呻吟不止，这种状态必须得回到家和母亲在一起才会消失。当我要求他回忆最早的记忆时，他对我说："记得还是在四岁时，我坐在窗边，看街上很多人在忙碌，觉得很好玩。"他很喜欢看别人工作，而自己只想坐在窗户旁看着。

这样的病症首先要做的是，改变他相信自己无法跟他人在一起工作的想法。因为他一直都以为，自己生活的唯一方式，就是接受他人的帮助。责备他是毫无用处的，药物或是手术切除他的内分泌腺也无法让他醒悟。但是我们发现从他的最初记忆入手，能够为他给出建议，找到容易让他感兴趣也适合他的工作。他的视力很不好，这个缺陷使得他养成了仔细观察事物的习惯。他一直都在"看"，而不是在"工作"。其实这两者并不相互对立。在他终于痊愈后，他开了一间书屋。就是这样，他找到了在社会中适合自己的位置，并能奉献出一分力量。

另一名患有癔症失语症的32岁男子前来就医。除了发出嘎嘣声外，这个病人完全无法正常说出话语。这种情况已经持续了两年。事情的起因是他有一次踩在一片香蕉皮上滑倒了，撞在了一辆出租车的窗户上。之后他吐了两天，并且就此得上了偏头痛。毫无疑问，他得了脑震荡，但既然喉部并没发生器质性病变，脑震荡也不足以解释他为何无法说话。那之后他完全不能说话达八天之久。他的这件意外事件最终被起诉到了法院，至今官司还没结束。他坚持认为这件事的责任全部在出租车司机身上，并要求出租车公司做出赔偿。当然我们知道，要是他因为这次事故丧失了某种能力，在诉讼中他就占据了很有利的位置。我们不能说他是意图欺骗，也许只是他没有大声说话的必要。在受到这次事件的影响后，他才发现自己说话很困难，而且之后也没有改变的需要。

　　这之前，这个病人看过一位喉科专家，这位专家没发现任何问题。当问到他最早的记忆时，他告诉我们："我在一个摇篮里，摇篮在摇晃。我记得挂钩脱了，摇篮掉下去让我受了重伤。"没人喜欢摔跤，但这个人却特别强调摔跤，跌倒的危险是他最关心的事情。"就在我摔下去时，门开了，妈妈走了进来，她吓坏了。"那一次他发现了摔倒能引起母亲的注意，同时，这个记忆还代表了他潜意识中对母亲的责备——"你没好好照顾我"。出租车司机也被看成是犯了一样的错误，跟那家出租车公司一起都忽视了对他的照顾。这是一个典型的被宠坏了的孩子的例子。这样的孩子总是认为别人理所当然应该承担起照顾自己的责任，一旦出现问题，那么错都在他人身上。"五岁时，我顶着一块木板从楼梯摔了下去，足足有六米多高。我有五六分钟说不出话来。"看得出，这位病人很擅长"失语"。他早已习以为常地把摔倒作为拒绝说话的理由。我们没法把这看作是失语症的原因，可他却能。现在只要一摔倒，他就自然而然地失去说话能力。能治愈他的不多的方法之一就是，要让他知道自己错了，明白摔倒跟说不出话之间没有必然联系，还要让他明白，一次意外不需要这样说不出话达两年之久。我们从这次意外还能看出，他很难理解这些原因。"我妈妈又冲出来了。"

他接着讲，"看样子非常激动。"两次事故中，他的母亲都表现得非常害怕和紧张，这让他发现这是很好的吸引母亲注意力的办法。他的目的是获得宠爱，想要成为他人的中心。这样的结果就是他要求别人为他的不幸付出代价。别的受到过度溺爱的孩子也会这样，只是他们没有把"失语"当作武器。这是我们这位患者特殊的标签，是他从经验中逐渐建立起来的生活方式的一部分。

　　一位抱怨自己找不到工作的 26 岁的男人来找过我。八年前他父亲带他入行，成为一名经纪人，但他从来就不喜欢这份工作，最近终于辞职了。他尝试过找其他工作，但都没成功。除此之外，他还饱受失眠的困扰，甚至偶尔会有自杀的念头。他在放弃当经纪人的工作后，曾经离家到另外一座城市找了一份工作，但不久后就得到母亲病重的消息，不得不回家。

　　由此我们可以推断，他母亲十分溺爱他，而他父亲则试图控制他。我们也很可能会发现，他的生活就是与父亲的权威对抗。当问到他在家是第几个孩子时，他告诉我们他是最小的，而且是家里唯一的男孩。他有两个姐姐，大姐总是想要对他发号施令，二姐也差不多。而父亲对他总是要求很严格。这让他感到除了母亲外，家里所有人都在压迫自己。

　　这个人 14 岁才上学。后来，父亲把他送进了一所农业学校，理由是这样他将来就可以在自己准备买下的农场帮忙。他在学校里的表现很好，可他下定决心不做农人。为此他父亲不得不把他安排到经纪行业中去。令人难以置信的是，他竟然在这个行业干了八年，但他自己说，他这样做完全是因为母亲。

童年时，他是个不爱整洁的孩子。他很害怕黑暗，从不敢一个人待着。当我们知道他是个不爱整洁的孩子时，就会很容易想到那个总是帮他收拾的人，还有那个在黑暗中安抚他的人。就这个年轻人来看，这个人一定就是他的母亲。他认为交友是一件很难的事，但他能很好地在陌生人中间周旋。他没谈过恋爱，对爱情不感兴趣，也不想结婚。他认为自己父母的婚姻并不幸福，这也成为他逃避婚姻的原因和理由。

他的父亲曾经强迫他继续从事经纪人工作，但他说自己想去做广告工作。他说自己知道家里不会给他钱。他做任何事的目的，都是对抗父亲。其实在做经纪人的那段时间，他已经有了一定的经济基础，但他就是不想用自己的钱去学习广告工作。他的目的只是想借此与父亲对抗。

他的早期经历很清晰地显露出，一个被溺爱的孩子是如何跟自己严厉的父亲作对的。他还清楚地记得当初是怎样在父亲的餐馆里工作的。他喜欢擦盘子，喜欢把那些盘子从一张桌子搬到另一张桌子上去。他的行为激怒了父亲，父亲当众打了他一耳光。他就是把这个经历当作对父亲仇恨的原因，以至于至今他的全部生活就是与父亲作对。他根本没有工作的诚意，他只想着如何伤害父亲，然后从这种伤害中获得满足。

由此我们也很容易理解他会有自杀的念头。自杀往往是一种谴责。想到自杀时，他想要表达的意思是"我父亲的行为都是罪恶的"。他把对工作的不满意也一样归咎到父亲身上。每当父亲提出什么建议，他都会反对。但从小就被娇宠惯了的他又没法自己开创事业。他当然不想做事，他习惯了游手好闲，只是他母亲算是给了他一种压力，促使他去找一份工作。但他跟父亲的对抗怎么又导致了他的失眠呢？

　　如果一晚上不睡，第二天就没法工作。父亲希望他好好工作，可他觉得很累，没法好好干活。他就会这样对自己说"我不想工作，我不想被强迫"，但考虑到母亲和家庭的经济环境，这些更多的只是口头说说，他并非就是真的彻底拒绝工作。那样一来，他的家庭就会认为这个孩子没希望了，会放弃对他的帮助，以致他必须得为自己找到一个合适的理由，因此失眠就被理所当然地选中。

　　一开始他说他从来不做梦，后来却记起了一个常做的梦。他梦到有人在朝墙上击球，球总是弹开。这个梦看起来很平淡无奇。我们能在这个梦和他的生活之间找到联系吗？我问他："然后呢？球弹开了，你感觉怎么样？"他说："球一弹开，我就醒了。"现在，我们已经看清了他失眠的结构。那个梦是他的闹钟。他幻想每个人都在往前推他，都在强迫他做自己不喜欢的事。他梦见有人在击球，然后醒来。第二天疲惫不堪，这样他就没法工作。而这时他父亲正在焦急地等着他去干活。他正是在用这种委婉的方式与父亲作对。我们如果仅仅看到了他跟父亲之间的这种对抗，那我们就应该认为：他发明的这种武器很聪明。问题在于他的生活方式无论是对他人还是对他自己，都不能说是完美的，这也正是我们需要帮助他的。

在我对他解释过了他的梦后，这个梦就不再出现，但他告诉我，他在夜里仍会不时地醒来。他不再有勇气继续做这个梦，因为他已经认识到了梦的目的，却没法不去让自己继续在白天里疲惫不堪。我们还能怎样帮助他呢？唯一的办法就是让他跟父亲和解。只要他的目的还是全部集中在打败父亲上，那么谁也帮不了他。

一开始，我还是依照我们一贯的策略对他表示同情："看来你的父亲错了。"我说，"他不应该这样总是对你发号施令，总是想要控制你。这样的做法是不对的。这是他的问题，他也应该接受治疗。但你想过你能做什么吗？你很可能没法改变他，就像下雨了，你该怎么办？你只能打伞或者坐出租车，因为你没法跟雨对抗。而现在你就像是在跟雨作对，想要战胜雨。当然我相信你对他反抗过了，但现在受到伤害最大的还是你自己。"就这样，我试着把他的所有问题联系起来，他对工作的三心二意，他的自杀念头，还有离家出走、失眠等等，都说明了同一个问题，那就是他企图惩罚自己的父亲。

最后，我给了他一个建议："今晚睡觉时，你就想着你随时会醒过来，这样明天你就能疲惫不堪。你要这样想，明天太累了无法工作，你父亲会怒火冲天。"我的目的是想让他面对现实。他全部的兴趣就在于激怒和伤害父亲。如果没法制止这场无休止的战争，治疗是不会有效的。这是个被宠坏了的孩子，我们能看出来，现在他自己也能看出来。

这种情况非常类似所谓的俄狄浦斯情结。这名年轻人全身心地沉浸在"伤害父亲"这个目标上，同时又极度依赖母亲。可这一切与性无关。他的母亲过于溺爱他，而他的父亲恰恰相反，过于严厉。他从小所受到的教育是混乱的，造成了他对自己的地位的错误认知。在他身上不存在遗传的影响，他所遇到的问题不是来自本能，而是从他的经验中衍生出来的。

任何一个孩子都可能被培养成类似他这样的人，只要有一个他母亲这样的母亲，再加上这样一个过于严厉的父亲就行。如果这个孩子也一样采取对抗的方式针对自己的父亲，并没法独立解决自己的问题，我们就可以知道，想要采取这样的生活方式是一件再容易不过的事。他没有得到正确的教导和培养，对于自己的位置也没有恰当的解读。

第五章　梦

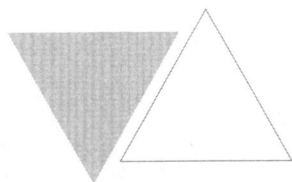

我看出来了，梦不是跟人清醒时的生活对立着的，它一定是跟生活的其他行为联系在一起并保持一致的。

1. 梦的解读

人都会做梦，但能真正了解梦的人很少。这看起来很奇怪。梦是人类心灵一种常规的行为，一直以来人们都对它充满好奇，但至今也没有人能真正了解它的意义。很多人把自己的梦看得很重要，认为它有着神奇的含义。在人类历史的开头，我们就能发现这样的兴趣。只是从一般意义上看，人类对自己做梦时究竟在干什么，以及为什么会做梦，却一无所知。据我了解，只有两种关于梦的理论是容易被人理解并且是科学的。这两种力图了解梦与解释梦的理论，一种是弗洛伊德学派，另一种就是个体心理学。但大概只有个体心理学才敢断言，自己的解释是合乎常理的。

在此之前，任何试图解释梦的尝试都是不科学的，但一样值得我们注意，至少它们告诉我们过去人们是怎样看待梦的。由于梦是人类的心灵活动的一部分，所以，如果能发现做梦的人对梦有何期待，也就能知道梦的目的。从一开始，我们就看出一个清晰的事实，人们好像都认为梦有预测未来的功能，常常认为，在梦中，精灵、鬼神和祖先会出现并占据人的心灵，影响他们。人们有时在遇到困难时，会用梦来帮助自己找到方向。在古时候，那些解梦的书通过分析梦的类型，来预测一件事的结果，原始民族则通过梦寻求预言和征兆。希腊人和埃及人会到庙里去，祈求能在梦里得到神灵的指示。他们把这类梦看作是治疗的手段，用来解除身体与心灵的痛苦。美洲印第安人则以斋戒、沐浴、行圣礼等复杂的宗教仪式来引起梦的发生，然后根据梦来指导自己的行为。梦也一直被看作是未来即将发生什么的预兆。今天仍然还有很多人坚持相信，自己的梦包含着预言，并且梦能让他们进入未来世界，看到未来会发生的事情。

站在现代科学的立场，这样的观点显然是可笑的。当我开始研究梦的问题时，我就发现，做梦的人对未来的预见，比起在清醒的时候能支配自己的身体功能的人差很远。我们只要能理性地对待梦就很容易发现，跟人的思维相比，梦对未来的预见只会带来更大的混乱与难以理解。只是，我们不能因此就完全忽视人类传统的对梦的认识，这种认识认为梦是能够通过某种方法与未来发生联系的。从某种角度来看，这种认识并非没有任何价值。如果我们能客观地去对待，它也许会对我们有所提示，让我们去注意一些被忽视的重要因素。我们看到，人们曾经认为梦能够为他们遇到的问题提供解决之道，可以这样说，为了这个目的做梦的人，他们的目的就是想获得对未来的指引，以及解决遇到的问题的方法。这跟认为梦能预见未来的观点区别很大。我们要想，他寻求的是什么问题的解决之道？他从中想要得到什么？有一点很显然，那就是梦中得出的问题的解决方法，必定会比清醒时通过全面考量后得出的方法要差。事实上，指望从梦中找到解决之道，等于是指望做梦就能解决问题。这种想法并不算太过分。

2. 弗洛伊德学派与梦

从弗洛伊德学派有关梦的观点中，我们看到了一种认真的努力，他们认为梦是可以给予科学的解释的。然而，弗洛伊德学派对梦的阐释在很多方面已经脱离了科学的范畴。举例来说，它首先假设了一个前提条件，那就是心灵在白天和晚上的活动之间存在差异。"意识"与"潜意识"是相互对立的；而梦则是按照与日常思维完全不同的规律在进行的。看到这样的对立，我们会产生怀疑，认为心灵有一种反科学的倾向。古代哲学和原始民族在处理概念时，习惯于采取二元论的方法，非此即彼，不承认多样性的原则。这种思维方式在精神心理疾病患者身上表现得很明显，他们通常都是非左即右，没有调和的余地，例如男女、冷热、强弱、明暗等等。但现代科学研究发现，这些事物都不是绝对对立着的。它们是按照某种理想的设定，被列为量表上的不同程度。好与坏、常态与非常态也不是对立的，而是一种事物的不同变化。因此，把睡梦与清醒、梦的思维与清醒时的思维看作是完全对立的理论，一定不是科学的认知。

原始弗洛伊德学派遇到的另一个难题，是把性看作是梦的内在动力。这样做也一样会把人的努力和活动分开，导致把梦看作是人的人格的一部分，而不是整体人格表现的一部分。弗洛伊德学派的学者自己也发现，单纯以性来解释梦是不够的，于是弗洛伊德提出，还可以在梦中发现一种求死的潜意识欲望。我们或许能发现，这种看法在某种意义上是正确的，因为如果企图通过梦来找到解决问题的办法，那么也就表示人丧失了勇气，无法直接面对问题。问题是弗洛伊德学派所使用的概念过于离谱，根本没法表达——在梦中，人的整体的人格是如何表现的——而且还导致梦里的生活与人正常时间的生活完全失去了关联。但在弗洛伊德学派的理论里，我们还是能得到不少有趣而有价值的暗示，例如，其中特别有用的一个暗示是，重要的并非梦本身，而是掩藏在其中的思想。在个体心理学中，我们得出了类似的结论。弗洛伊德学派的心理分析法忽视了科学心理学的第一个要求——人格的一贯性与人的行为的一致性。

这一缺憾我们可以从弗洛伊德学派对梦的几个关键问题的解释上看出来。对于"梦的目的何在，人究竟为什么会做梦"，心理分析学派这样回答："为了满足个体没有得到满足的欲望。"但这个观点缺乏全面性。假如梦是难以捉摸的，人醒来把梦忘了，或完全无法理解，那么所谓满足又是从何而来呢？每个人都会做梦，然而没有人能读懂自己的梦。那么我们又能从我们的梦里得到什么快乐呢？如果梦中发生的一切跟实际生活中发生的一切毫无关系，而且梦带来的满足只是在自己的范围内，那么我们或许可以稍稍理解梦对做梦者的作用。但这样一来，就失去了人格的统一性。梦也就对人在清醒状态下毫无用处了。科学地看，做梦时的那个人跟清醒时的是同一个人，梦的作用一定也适用于这种人格的一贯性。不错，在特定情形下，我们没法把一个人在梦中为了满足自己愿望的努力，跟他的整体人格联系到一起。这类人通常是那些被宠坏了的孩子，他们总是在问："我怎么才能满足？生活又能给我什么？"这类人当然会在梦中寻找跟他在其他时候一样的满足。事实上，只要我们稍加留意，就不难发现，弗洛伊德学派的理论就是这种被宠坏了的孩子的理论。这些孩子觉得自己的本能享有绝对的权利，他们认为他人的存在是没有必要的，他们会一直问："我为什么要爱我的邻居？他们爱我吗？"心理分析学派正是以这类被宠坏的孩子的前提为基础，并过分专注于这种前提。要知道对满足的追求不过是人对优越感的追求其中的一项，决不能把它看作是人格的核心动机。同时，如果我们真正了解了梦的机制，也能帮助我们了解究竟是什么原因导致对梦的遗忘以及梦无法达到什么目的。

3. 梦与现实

关于上述观点，在我 25 年前刚开始探究梦的意义时，发现是最困扰我的问题。我看出来了，梦不是跟人清醒时的生活对立着的，它一定是跟生活的其他行为联系在一起并保持一致的。一般来说，在清醒时我们是在追求怎样的优越感，那么在梦中我们也会关心同样的问题。每个人在梦中，都会像是有一个需要他去完成的任务，是他应该在梦中也努力为之不断奋斗一样。总之，梦一定是生活方式的产物，它也一定有助于人的生活方式的构建与稳固。

有一种事实能帮助我们看清梦的目的。我们做过梦后，经常会在醒来后忘掉这个梦，甚至没有丝毫痕迹。可这是真实的吗？真就什么都没留下？当然不是。梦造成的很多感觉还存在着。就是说梦境会消失，情形也会不复存在，但那些感觉会留下来。那么梦的目的就一定是在这些留下来的感觉里。梦仅仅是造成这些感觉的一种方式，也就是说梦是一种工具。梦的目的是它带来的感觉。

来自个体的感觉与他的生活方式始终会保持一致。梦里出现的思想与醒着时的思想不可能有绝对的差异，两者之间的界限并不明显。简单来说，也就是这种差异在于很多的现实关系在梦中被暂时搁置起来了。但这不是与现实的完全脱节。在睡梦中，我们依然是跟现实保持着接触的。在现实中我们所受到的困扰，一样会在我们的睡眠中得到反映。睡眠中我们会保持身体的协调，做出一些动作维持身体在床上的稳定，这其实就是与现实的关联。当一个母亲在嘈杂声中睡着后，她会在孩子出现异动时迅速醒来。这也证明了，在睡梦中我们和外部世界的联系是没有中断的。不过需要强调，睡梦中我们的感觉尽管没有完全对外部世界封闭起来，但会被减弱，这样一来与外部世界的联系自然也就减弱了。我们做梦时是一个人独处的，在梦中我们跟社会的关系不再紧密，我们也不必过多地去在意我们所处的环境。

只有在问题都已找到解决的方法而不再紧张的情况下，人的睡眠才会安稳。对安稳的睡眠的干扰之一就是做梦，可以这样说，只有在有问题还没解决或还没找到解决方法时，只有在现实的压力不断对人施压并不断制造出新的难题时，人才会做梦。梦的任务之一就是应付人所面临的压力，提供解决途径。现在我们可以来看看，在睡眠中，我们的心灵是如何应对我们所遇到的问题的。由于在梦中我们离开了给我们压力的那个情景，问题看上去一下子就简单得多了，而且给出的解决方法对我们适应的要求也小很多。这样看就是梦在支持我们的生活方式，并带来适合于这种生活方式的感觉。

但生活方式为什么需要支持呢？是什么东西在对它进行攻击、破坏呢？能够对它造成攻击的，只有现实与我们的常识。

因此，梦的一个目的就是对常识的抵制。这给了我们一个很有趣的灵感，假如一个人面对一个问题，而他又不愿用常识来应对，他就会依靠梦带来的感觉来坚定他的态度。

这似乎与我们清醒时的生活是相矛盾的，但事实上并不存在矛盾。梦很可能产生和我们清醒时一样的感觉。一个人遇到了问题，但他又不想用常识来应对，他只想继续他那种违背常识的生活方式，这时候他就会为自己找出理由来作为坚持自己的生活方式的合理性解释，使得这样的生活方式是可以应对一切问题的正确方式。例如，一个人的目标是不劳而获，他不想工作，也不想努力，更不想对他人有所付出，那么赌博就是一种很好的选择。当然他也知道赌博曾经让很多人倾家荡产，可他还是想要轻松度日，希望靠侥幸获得幸福。那他该怎么办？他会满脑子都是关于金钱的梦想，幻想自己能一夜暴富，然后过上奢华的生活，拥有汽车、房子，受到人们的仰慕，等等。这样的愿景就会导致他不顾常识，开始陷入赌博之中。类似的情景也会发生在日常生活里。在工作中，要是有人跟我们说起自己看过一场非常好的戏剧，我们就会想要去看，会想要放下手里的工作到戏院去。一个人开始有了爱情了，他会为自己想象一种未来的景象。要是他是真爱着对方，这种景象就会非常美妙；反之，如果他比较悲观，未来的情景就会色彩灰暗。但无论如何，它总会激发起自己的感觉，而且我们也能通过感觉的类别，来判断这个人属于哪一类。

但如果在做梦之后，除了感觉，别的什么都没留下，它对常识会有什么影响？一般来说，梦是常识的敌人。事实上，就有这样一些人，他们不愿意被自己的梦欺骗，宁可按照科学的方法生活。这样的人很少做梦甚至根本不做梦。一般人大多喜欢违背常识，他们不愿正面面对自己遇到的难题。作为合作的一个因素，那些合作意愿不强的人都不会喜欢常识。这种人的梦格外多。他们担心自己的生活方式得不到认可，希望回避现实带来的挑战。对此我们可以得出下述结论：梦是企图在个人生活方式与他所遇到的问题之间，建立一种联系，这种联系是基于不改变他们的生活方式为前提的。生活方式主导着梦。它带来的感觉总是做梦者所需要的。在梦中出现的每一件事物，都能够在当事人的别的特征和他所患的病症中找到。无论做梦与否，我们都会以同样的方式来应对问题，梦能为生活的模式提供一种安慰与支持。

假如这种观点是正确的，那么在对梦的了解上，我们就走出了关键的一步。我们在梦中欺骗自己，在梦中陶醉自己、催眠自己。梦的目的就是给出一种我们即将面对的问题的心境。我们会在梦中看到完全符合我们的人格的情形。我们还会看到，一个人在自己的心灵中准备着他即将在现实中运用的各种感觉。这样理解如果没错，那么在梦的结构中，在运用的形式里，都能看到这种自欺欺人的情形。

我们究竟看到了什么？首先，我们看到了对梦中的情景、事件、出现的意外的选择。我们在前面也提到过这种选择。当一个人回忆自己的过去时，他就是在重新构建过去的经历与经验。这个人是在依据自己的希望做出选择，他从自己的记忆中选出来的，都是那些足以给自己的优越感以支持的对象。同样，在梦的发展过程中，我们所选择的构成我们的梦的那些材料，也是符合我们的生活方式并且当面临问题时也能表现我们的生活方式的材料。这样的选择不过是生活方式和遇到的难题发生冲突后的结果。我们要求我们的生活方式在我们的梦中是拥有绝对控制权的。正因为生活方式的难以让步，才使得人们在应对现实问题时，采用放弃常识的立场。

4. 梦的构成

　　梦究竟是用什么材料构成的？无论是历史上一些研究梦的人，还是弗洛伊德，都特别强调隐喻和符号是构成梦的两种主要材料。曾经有一位心理学家这样说："在梦中，我们都是诗人。"但为什么梦不用更直接的语言，而是用隐喻和诗的形式来表述？对此有一个很简单的解释，那就是如果不采用隐喻与符号的形式，我们就无法避开常识。隐喻和符号经常可能是荒唐谬误的，它们能超脱逻辑，把两种完全不同的意义联系到一起，也能在同一时间里讲述两件事物，而其中一个是虚假的，得出的结论也可以是违背逻辑的。但它们能用来引出感觉。我们在日常生活里也会经常遇到它。在我们企图强调某个人的幼稚时，我们会说："别孩子气！"我们会这样问："怎么哭了？你难道是女人吗？！"在我们引用比喻时，就会有一些看上去毫无关联的东西出现在我们的话语中，只要这种东西足以表达情感，例如一个大汉对一个小个子的人生气了，他会这样形容对方："他就是条毛毛虫，他只配在地上爬行。"这样这个大汉就很明确地表达了自己的愤怒。

　　在语言中，隐喻是一种非常有效和具有煽动性的工具。但在运用隐喻时，我们很可能欺骗了自己。荷马在他的史诗里描述希腊军队如同凶猛的雄狮一样在战场上纵横，他就给予了我们一种过于夸张的印象。谁会相信他愿意如实地描述战场上的士兵们，把他们疲惫不堪、满身血污地在地上挣扎着爬行的形象展示给人们呢？他当然更愿意人们把那些希腊士兵想象成猛狮。作为听众，人们当然知道这些士兵并不是猛狮，但问题是如果如实描写，说他们如何气喘吁吁、如何挥汗如雨，还有他们的甲胄怎样破烂，得经常停下来鼓舞士气或者躲避危险，那么人们就不会被感动。运用比喻为的是制造出美感，是为了人们的想象与幻觉。但在这里我们必须提醒：隐喻与符号，对一个有着错误生活意义的人，却是非常危险的东西。

一个学生面临考试时，问题很单纯，他需要鼓起勇气，运用常识全力以赴来面对。但如果他的生活方式让他想要逃避，那么他就可能梦到自己正在参加一场战争。他将这个简单的问题隐喻化，于是便觉得自己有充足的理由来感到害怕，或者他梦到自己站在悬崖边上，如果不退缩，就会摔下去，从而粉身碎骨。也就是说，他不得不设法制造出一种需要逃避考试的心境，这才选择用悬崖来比喻考试，从而欺骗自己。从这个例子中，我们还能发现被经常使用在梦中的另一种方法——把一个问题提出来，加以简化，直到把这个问题的很多部分去掉了，然后当作原来那个问题进行处理。另外一个学生可能较为勇敢并有一定的远见，他也希望能顺利完成考试。但他也一样希望得到帮助，希望自己能建立起信心，相信自己生活方式所需要的那些东西是正确的。于是在考试前的晚上，他梦见自己站在一座山峰顶上。他梦中的这个情景的寓意很简单。他生活的环境中也只有很小一部分被显露。对他来说，自己的问题一样重大，但这个问题的很多方面一样被去掉了，只剩下当下最主要的部分，那就是对成功的期望。这样的结果是能激发对自己有帮助的感觉。这样他就在第二天早晨醒来后，感到精力充沛、心情愉快，对即将面临的考试信心百倍。如此，他就成功地忽视了困难的一面。但这样做无论是不是重新肯定了自己，他事实上还是在欺骗自己。他不是运用常识去专注于问题，而只是让自己有了自信而已。

比如，下面这件营造心境式的很寻常的事情。一个准备跨过小溪的人，可能会在起跳前默数一、二、三。数数字真的很重要？起跳和数数之间有什么必然联系吗？当然不是。事实上，他数数的目的，不过是为了营造一种心境，是为了让自己能集中力量到一点上来。在人类的心灵中，预存着各种执行生活方式，并固定和加强这种方式的各种行为方式，其中最主要的方法就是激发自己心境的能力。我们每天都在不停地这样做，但最为明显的是在夜晚。

用自己的梦来自我欺骗是人类常用的方法。战争期间，我在一家专门收治有精神问题的士兵的医院做院长。在面对那些无法直面战争的士兵时，我为他们布置了一些简单的任务，尽可能地让他们感到轻松。这缓解了他们的紧张，这种方法很成功。然而一天有个士兵来找我，他是我所见过的最健壮的人，可他非常沮丧。为他诊治时，我一直拿不准应该对他采取怎样的治疗措施。当然，我希望能帮助每位前来找我求助的士兵，但是我开出的诊断书必须经过一位高级军官的审查，因此，就算我想施舍，也无济于事。要想对这位士兵的情况做出决定，不是我能说了算的。但是最后我还是对他说："你有精神问题，但你身体很健壮，我会安排你做轻松的工作，这样你就不用上前线了。"

这个士兵可怜巴巴地对我说："我是个穷学生，要靠教书养活年迈的父母。如果我不能继续教书，他们就得挨饿，会死的。"我当时想的是，我能为他找一份更轻松的工作，把他送到军事机关里去。但我害怕如果在开出的诊断书里这样写的话，那位高级军官会大发雷霆，一怒之下把他再送回前线。最终，我只能尽可能地实话实说。我证明这位士兵当时只适合从事防御工作。那天晚上我做了一个噩梦，梦到自己成了杀人犯，我在一条黑暗狭窄的小巷里奔逃，一边拼命地想我杀了谁。我记不起是谁了，只是感觉到：我犯了谋杀罪，我完了。我的生活彻底完蛋了。

醒来后，我想到的第一个问题就是——我杀了谁？接着我又想起，如果我不能把这名年轻的士兵安排在军事机关，他很可能会被送上前线并且阵亡。那我就成了凶手。你看，我就是这样唤起了用来欺骗自己的感觉。我并没杀任何人，就算我所恐惧的不幸真的发生，我也没有任何过错。但我的生活方式不允许我冒这样的风险。我是医生，我的职责是挽救生命，而不是置人的生命于险境。我提醒自己，如果尝试为他谋一份轻松的工作，我的上司反倒很可能把他送回前线，这样很可能让事情变得更糟。最后我终于拿定主意，我唯一该做的就是实事求是地写出诊断书，我在诊断书中认为这名士兵适合做防御工作。事后证明，遵循常识永远是最好的选择。那位军官看后把我的诊断书往桌上一扔，当时我就认为这名士兵要被送上前线去了！但接下来这位军官做出了这样的批示：军事机关服务，六个月。后来我才知道，这位批示的军官受贿了。那个士兵根本就没有教过书，他那都是编造出的一套假话，目的就是为了能被安排一项轻松的不用上前线的工作。我的诊断书不过是为了方便这位军官做出批示。从那以后，我再也不轻易受到梦的影响。

梦的目的是陶醉、欺骗我们自己，这正证明了它们之所以难以了解的原因。如果我们完全能了解梦，那它们也就不再具有唤起感觉和情绪的效果，自然也就没有了启示的效果，我们就会更愿意依据常识来处理生活中遇到的问题，那么梦也就失去了作用。梦是当前现实问题与我们生活方式之间的桥梁，按理说生活方式是不需要加强的，它应该直接与现实相关联。但梦尽管有各种变化，每个梦又都表现出——根据所面临的特定情境，人会对自己的生活方式缺乏信心，认为需要进一步加强。由此而言，对梦的解释都是个性化的，不可能用一种公式化的方法来对梦做出解释，因为梦是生活方式的产物，是每个人对自己所面临的特定情境的认识而产生的。在这里，当我对几种典型的梦进行描述时，我并非是想要给出一种解释梦的秘诀，而是想利用它来帮助我们了解梦和梦的意义。

许多人做过飞翔的梦。跟别的梦一样，这类梦的关键在于它所带来的感觉。它们给人带来一种充满勇气的轻松心境，让人由下到上，让克服困难、获得优越感变得容易起来。这类梦还能帮助我们推测出一个勇敢的人具有远见卓识并拥有雄心，即使是在睡梦中，也不愿放下自己的野心。这类梦包含着这样一个问题——我是不是应该继续前进？和一个答案——我的前途一帆风顺。

很少有人没做过跌落的梦。这很值得注意。这类梦所表达的是做梦的人缺乏自信，担心失败，而不是全力去克服困难。在我们的传统教育中，通常都是在警告孩子们要学会保护自己，这就让这类梦的经常出现变得容易解释了。比如，孩子会经常受到这样的警告"不要爬上椅子，不许玩剪刀，不许玩火"，以致孩子们总是被想象的危险包围着。这里面当然存在真实的危险，但让一个人变得谨小慎微并不能帮助他应对危险。

当经常梦到自己不能动或是赶不上火车时，其中的含义通常都是——如果不用自己费力就能解决困难，那我会很高兴。我要绕个弯，一定要迟到。迟到了就不用去面对这个问题，我要等到火车开走。

许多人梦到过考试。他们有时会梦见自己在年龄很大了还要参加考试，或是不得不考一门在很久前就考过关的科目。对一些人来说，这个梦的含义是：你还没有准备好去面对即将来临的问题。而对另一些人来讲，这个梦的含义却是：你以前通过了这个考试，现在你也需要通过这场考验！每个人的象征符号都不可能与别人的一样。对于梦，我们首先需要考虑的是它残留下来的影响，以及它跟整个生活方式间的联系。

一名 32 岁的精神问题患者来找我，要求我对她进行治疗。

她是家里的老二，跟大部分排行第二的孩子一样野心勃勃。她总是想要成为第一，想要尽善尽美。她爱上了一个年纪比自己大的男人，她爱的这个人的事业却糟糕得一塌糊涂。但她想要和这个男人结婚，这个男人又没法跟妻子离婚。后来她做了一个梦，梦见住在乡下时，有一个男人向她租公寓，这个男人搬进来后他们就结婚了。这个男人不会赚钱，连房租都付不起，她要他搬出去。我们立刻看出她的梦跟她目前的处境有关系。她正在犹豫是不是跟一个事业失败了的人结婚。她的情人穷困潦倒，无法为她提供支持。更加令人担忧的是，有一次他邀请她共进晚餐，却没有足够的钱付账。这个梦的作用就在于唤起她抗拒结婚的感觉。作为一名有野心的女子，她不希望与一个贫穷的男人联系在一起，于是她使用了一个隐喻问自己："如果有人租了我的房子却付不起房租，那我该怎么对待这样的租客呢？"答案是——"他必须离开。"

但她爱上的这个男人不是她的房客，两者不能等同看待。一个不能养家糊口的丈夫和付不起房租的房客不一样。要解决她的问题，必须遵循她的生活方式，她让自己觉得"我不能和他结婚"。通过做梦的方式，她回避了依照常识来解决问题，而是选择其中的一小部分加以处理。与此同时，她将爱情与婚姻的整个问题最小化到好像能体现在这个隐喻里——"一个男人租了我的房子，如果他付不出房租，就必须滚出去。"

个体心理学的治疗方法始终是致力于激发人面对生活的勇气，这就是为什么在治疗过程中，梦会发生变化，显现出朝着自信发展的趋势。一名忧郁症患者在痊愈前的最后一个梦是：

"我一个人坐在板凳上。暴风雨突然来了，我跑进丈夫的房间，我因此幸运地避开了。我开始在报纸上帮他寻找工作。"这位病人自己也能解释这个梦。这个梦显然显示的是她想要与丈夫言归于好。最开始她是恨铁不成钢，很尖酸刻薄地指责他没用，缺少上进心。而这个梦表达的是——"和丈夫在一起，总是比我自己单独承担风险要好。"尽管我们也赞同这位女士对自己所处环境的看法，但她这种迁就丈夫的方式，仍然隐约暗示着她的怨恨不平。她放大了单独生活的风险，并且没有勇气去确定自己与丈夫的关系。

有一个十岁的男孩被带到诊所。学校老师说他用卑劣的手段陷害他的同学。他在学校里偷了东西放到其他男孩的课桌里，来诬陷他们。这种情况，只有在一个孩子想要让他人比自己更差的时候，才会出现。他通过这种羞辱他人的方式，来证明其他同学比自己卑劣，来证明自己的强大。如果这就是他真实的想法，那么我们可以猜测：这是在一个家庭环境下训练出来的孩子，在他的家庭成员中，一定有某位是他想要陷害的。通过了解，我们知道他十岁时曾在大街上朝一位孕妇扔石头，引起了麻烦。我们认为十岁的他已经懂得怀孕是怎么回事。我们还猜测：他很可能讨厌别人怀孕。由此我们就联想到了他是不是有弟弟或者妹妹。他的教师报告上这样为他定义——害群之马。他总是在捣乱，经常为同学取外号、打小报告、追赶女生，有时甚至对她们动粗。现在，我们基本可以知道：他有一个妹妹。

后来我们得知，他是家中的长子，有个四岁大的妹妹。他母亲说他很爱妹妹，一直对她很好。这很难说服我们，我们认为他这样的男孩是不可能喜欢妹妹的。稍后，我们将会对我们的怀疑加以验证。这位母亲同样声称自己与丈夫的关系十分好。这对这孩子来说可算不上是好消息。这表明，他的父母认为自己对他的行为没有多大责任，这一切都是由于他天性顽劣，是他的命运决定了的，来自他的遗传！我们经常能看到一对拥有理想婚姻的优秀父母，却有一个浑蛋般的孩子！要知道事实上所谓"理想"的婚姻，对于孩子却往往是刺眼的事情：如果一个孩子看到妈妈在对父亲大献殷勤，他很可能会生气。因为他想要独占自己的母亲，他恨母亲对他人的任何情感的展现。但如果过于美好的婚姻对孩子不好，恶劣的婚姻对孩子来讲是噩梦的话，那该如何是好呢？我们要做的是让孩子跟前者合作，必须让他参与到婚姻关系里去。我们要努力避免他过于依附于父母中的任何一方。这个孩子有可能是被宠爱过度了，他想要吸引母亲的注意力，他养成了只要觉得受到忽视就制造麻烦的习惯，因为这样可以达到目的。

我们的判断很快被证实。母亲从来没亲自惩罚过这个孩子，她总是觉得这种事应该留给父亲去做。她或许觉得自己软弱，认为只有男人才有力量发号施令，去执行惩罚。也可能，她想要和儿子保持亲密的关系，怕失去他。无论哪种情况，她都是在引导男孩远离父亲，破坏孩子与父亲的合作，也就导致父子间的摩擦经常出现。我们听说，这位父亲一直在全心全意地照顾自己的家庭，但这个孩子的存在，使得他下班后不想回到家里。他总是很严厉地对待孩子，有时候还会使用鞭子抽打。但据说孩子没有因此憎恨父亲。不过，这有点让人难以置信，要知道这个孩子并非低能。他已经学会了如何隐藏自己的感情。

他爱妹妹，却没法和妹妹一起好好玩，反而是常常踢她、打她。他睡在客厅的沙发上，他妹妹睡在父母房中的小床上。现在，如果我们能设身处地为男孩想一想，父母房中的那张小床也会让我们难受。他想要成为母亲关注的焦点，可在夜里妹妹离母亲更近。他因此要想方设法地接近母亲。这个男孩的身体很健康，出生时一切正常，母乳哺育了七个月。可是在第一次用奶瓶喝奶时却吐了，这样的呕吐时有时无，直到三岁后。他的肠胃很可能不太好，如今他饮食正常，营养情况也很不错，却仍旧关注着自己的胃。这被他看作是自己的一个弱点。现在，我们能明白为什么他要向一名孕妇掷石头了。他非常挑食，每当他不喜欢家里的食物，他母亲就会给他钱，让他出去买自己喜欢吃的东西。他却四处宣扬，说他父母不让他吃饱。这样的把戏他已经玩得炉火纯青。看来，他获取优越感的方式就是诋毁他人。

现在，我们可以懂得他来诊所时讲的一个梦了。他说："在梦里，我是一名西部牛仔，他们把我送到了墨西哥，我靠自己杀开了一条血路回到美国。有一个墨西哥人想要阻止我，被我在肚子上狠狠踢了一脚。"这个梦所传达的是"我深陷重重包围，我必须自己奋战"。在美国，牛仔被看作具有英雄风格的人。而这男孩就是将追打小女孩和踢别人肚子看作是英雄举动。我们已经注意到，在他的生活中，"肚子"扮演了一个重要的角色——被他看作是容易受伤的部位。他自己的肠胃出现过问题，他的父亲也常抱怨他的神经性胃炎。在这个家庭中，胃的地位已经被上升到很重要的位置。这个男孩的目的就是要攻击别人最脆弱的部位。

他的梦和行为都体现出了与他的生活方式的吻合。他生活在梦幻之中，如果我们不设法唤醒他，他还将继续这样生活下去。他将不仅仅与他的父亲、他的妹妹、其他小孩子特别是女孩战斗，还要和试图阻止他的医生战斗。他的梦将激励他坚持下去，去当一个英雄，战胜其他人。除非他能认识到自己是受到了怎样的自我愚弄，否则任何治疗都无济于事。

在诊所里，我们向他解释了他的梦：他觉得自己身处于敌人的地盘，每个人都想要惩罚他，想要把他留在墨西哥——他们都是他的敌人。等他再来诊所的时候，我们问他："上次见面之后，发生了什么？"

"我是一个坏孩子。"他说。"你做了什么？""我追赶一个小女孩。"

这不是认错，而是自夸和挑衅。他清楚这里是医院，这里的人都想让他变好，因此他坚称自己是个坏孩子。他这就像是在说："别指望改变我，我会踢你肚子的。"对这个男孩我们还能做什么呢？他仍在做梦，在扮演英雄。我们必须先减弱他从扮演的角色中所获得的满足感。

"你真相信英雄会去追赶一个小女孩吗？这种英雄也够可怜了吧？如果你想做英雄，那就该去追赶一个大女孩。要不，你就不要去追女孩好了。"这是治疗的一部分。我们一定要让他理解，这种方式继续下去，他只会吃苦头，以后还会有更多苦头吃。同时，我们还想要鼓励他通过合作，去发现生活中别的更重要的东西。除非一个人担心采用另一种方式会带来更大的失败与挫折，一个人其实很少会顽固地坚持自己的某一方面。

一名 24 岁的单身女子，从事文秘工作。她抱怨她老板那种作风——欺软怕硬，她对此难以忍受。她还觉得没法跟人交流或保持友谊。我们的经验告诉我们：一个人要是无法与人交往，很可能这个人希望控制他人，也就是说这个人事实上只对自己感兴趣，有着很强的对优越感的诉求。此外，她老板很可能跟她是一类人。因此，结果就是两个人都想指挥别人。这样的两个人碰到一起了，注定会发生冲突。这位女士是家中的七个孩子中最小的那个，受到了家人的溺爱。她有个外号叫"汤姆"，原因是她一直都想成为一个男孩。由此，我们更怀疑，她把对他人的支配看作是实现自己优越感的方法了。也许她认为，变成男性就意味着成为主宰者。她是个漂亮的姑娘，却总觉得别人都只不过是因为她好看的容貌才喜欢她，因此很怕自己变丑或受伤。在我们这个时代，漂亮的女性总是更容易引起他人的注意，也更容易操控他人，这位女士估计对此也很清楚。可她希望变成男性，并以此来统治他人，这样的结果就是，她从没有从自己的美丽中获得过满足。

她最初的记忆是被一个男人惊吓，而且她承认害怕被疯子和强盗袭击。这似乎有些奇怪，一个想要成为男性的女孩，居然害怕疯子跟强盗。但其实没有什么好奇怪的。她对环境的选择通常是自己能充分控制的一个环境，而尽量避开其他的。她无法控制疯子和强盗，因此在她心里最好是他们全都被消灭。她喜欢的是毫不费力就成为男性，如果失败，那就装作没发生过。由于对自己女性角色的深深不满，这类女性的"男性宣言"便都带有很浓的火药味——"我是男人，我要打垮身为女人的各种不好！"我将这种对于女性角色的深刻不满称为"男性钦羡"（masculine protest）。

我们来看看，在她的梦里，是否能看到相同的感觉痕迹。她经常梦见自己独自一人。她是个被溺爱的孩子，她的梦的意思是"我必须受到照顾，让我单独待着是不安全的，我容易遭到他人的欺负和攻击"。她经常做的另一个梦是丢失了钱包，这个梦的意指是"小心！你有丢失东西的危险"！她不愿意自己失去什么，而其中最不愿意失去的就是控制他人的力量。但她选择了一样东西，那就是丢失钱包。这是一个能说明梦能如何制造感觉并强加于生活的典型例子。现实中，她的钱包并没有丢失，但在梦中她梦见钱包丢了，这样的感觉留了下来。

这个女士还做了一个较长的梦，这个梦可能更能帮助我们了解她的态度。"我在一个游泳池游泳，有很多人都在那里。"她说，"有些人发现了我是站在他们头顶上的，有人开始尖叫，盯着我看。我站不稳，要倒下去了。摔下去会非常危险。"如果我会雕塑，我会为她制作一座这样的塑像：站在别人的头顶，踏着别人的头。这就是她想要的生活方式，也是她喜欢的感觉。可是她也发现了自己地位的摇摇欲坠，她认为别人也能体会到自己的危险所在，因此大家都应该小心地照看自己，只有这样，她才可以安全地站在人们的头顶上。这就是她的生活方式。在水里游泳是不安全的，但她的固定目标是"我是个女孩，但我要成为男人"。跟大多数家中最小的儿子一样，她有着很大的野心，但她最想要的是看上去的优越，而非想要获得合适的地位和处境。对失败的恐惧也始终威胁着她。对于这位女士，如果想要帮助她的话，我们最应该做的就是找出法子，让她安于自己女性的角色，同时消除她对异性的害怕与高估，并做到平等友善地对待伙伴。

还有一个女孩，弟弟在她 13 岁那年意外夭亡。她提到了自己最早的记忆时说："在弟弟刚开始学走路时，他抓住一把椅子想站起来，可椅子倒了，压在他的身上。"这是死亡外的另一次意外。可以从中看出，她对这个世界充满了恐惧。她说："很奇怪的是，我总是梦见自己一个人走在街上，那里有一个我看不到的洞。我掉进了洞里。洞里充满了水，一碰到水我就被冷醒了。醒来后，我的心跳得很快。"在我们看来，这一点儿都不奇怪。但如果她继续这样受到惊吓，她就会一直认为它很神秘。

这个梦是她在告诉自己："小心！世界上有很多难以预测的危险。"但这个梦所透露的信息远不止于此。一般来说，当你已经处于下方时，你就不可能再往下摔。如果你存在摔下去的可能，那么你一定是处在高位，也许你觉得自己高人一等。这个例子说明，她的意思很可能是："我已经在他人之上，但如果我不小心，就会摔下来！"

有这样一个案例，从中我们可以看到，同样的生活方式是否能够在最初记忆和之后的梦中起到作用。有个女孩告诉我们："我非常喜欢看人建房子。"我们猜测她是个合作型的人。因为一个小女孩是不可能亲自参与修建房子的，但从她的兴趣来看，她很乐于与他人共同分担工作。"我那时还是个小娃娃，站在一扇非常高的窗户前，那些玻璃窗格子的样式就像昨天刚看到的一样清楚。"如果她注意到窗户高大，那说明她已经有了高矮的概念。她的意思是："窗户很大，而我很小。"最终我发现她是个身材娇小的姑娘，对此我一点儿都不吃惊。因此，她才会很留意大小的比较。她说自己对这个梦记得很清楚，那是在说大话。

现在就让我们来看看她的梦："好几个人和我一起坐在一辆车里。"这符合我们对她的推测——合作，喜欢跟人在一起。"我们的车开得很快，一直开到树林前才停下来。每个人都下车跑进了树林。他们都比我个子大。"她再一次留意到了大小。"但我要赶上他们，一起踏上一部向下开进大约三米深的矿井里的电梯。我们都觉得，要是走出去一定会瓦斯中毒。"大多数人都会害怕某些不确定的危险，因为人类并非天生勇敢的生物。"后来，我们都安然无恙地走出去了。"在这里，你可以看到这种态度：如果一个人是乐于合作的，他通常都会勇敢、乐观。"我们在那里待了几分钟，然后回到地面，赶快跑回了车里。"我深信这名女孩一直都是乐于合作的，但她始终想要自己再长高大些。我们很可能会发现她有些明显的紧张，比如，踮起脚走路等等。但她喜欢与人交往，对分享成就很感兴趣，这能消解掉许多紧张感。

第六章　家庭的影响

婚姻首先是一种伴侣式的合作关系，没有一方会更优越。……家庭生活中不需要的是权威。如果其中一位成员成为显著的主导者或者是占有者，拥有比其他人更高的地位，那将会是很不幸的。

1. 母亲的角色

从出生的最初一刻起，婴儿就本能地渴求跟母亲紧密联系到一起。这是婴儿行为的最终目标。在最初几个月里，母亲在其生活中扮演了非常重要的角色，婴儿几乎是完全依赖着母亲的。最初的合作能力，正是在这样的情况下培养出来的。母亲是婴儿接触的第一个人，也是除了自身外，他最感兴趣的对象。母亲是婴儿通往社会生活的第一座桥梁。一个彻底无法跟母亲（或者是母亲的替代者）取得联系的婴儿，只会消亡。

这种联系不仅紧密，还影响深远，其结果导致我们在后来无法辨别出他的特征中哪些是来自遗传、哪些是来自母亲。每一种来自遗传的特征，都被母亲的影响加以了训练和修正而改头换面。母亲行为技巧的好与坏，会深刻影响到孩子未来的潜能。这里所谓的母亲的技巧，指的是她与孩子的合作以及使孩子与她合作的能力。这种能力是无法通过一套规范的模式传授的。每天都会有新的情境出现，其中无数的内容都需要她运用自己对孩子的感悟来了解。只有真正爱自己的孩子，并对孩子有浓厚的兴趣，也渴望得到孩子的情感，保护孩子的利益，一位母亲才会掌握这种技巧。

从母亲所有的行为中，我们都能看清她的态度。当她抱起孩子、背起孩子、与孩子说话、给孩子哺乳、帮孩子洗澡等等的时候，她都有着与孩子发生联系的机会。如果她对这些工作不太熟练，或对孩子不感兴趣，她的动作就会粗野，引起孩子的反感。简单来说，如果母亲没有学会如何给孩子洗澡，孩子就会觉得洗澡是件不愉快的事，孩子不仅不会在这个时候跟母亲进行沟通，反而会尽量逃避母亲。作为母亲，涉及孩子的任何行为都必须合适、巧妙，包括她照顾孩子以及她让孩子独处的所有时候。她必须考虑孩子所处的整体环境——新鲜的空气、房内的温度、营养状况、睡眠时间、生理习惯等等。任何情况下，她都给了孩子喜欢或讨厌自己、是合作还是拒绝合作的机会。

为母之道没有什么秘密。所有的技能都来自长期的训练与兴趣。为母之道在生命的早期就已经开始准备。从一个女孩对比自己小的孩子的态度上，还有她们对婴儿和未来的工作的兴趣上，都是开始学习做母亲的时机。对男孩和女孩给予相同的教育，让男孩女孩以为自己将来会从事相同的工作，这样的教育方式不可取。如果希望女孩学会为母之道，掌握做母亲的技能，我们就必须教育女孩学习做母亲，让她们乐于做母亲，把做母亲看作是一项具有创造性的工作，而且在以后的生活中，当面临自己要扮演的角色时，她不会失望。

很不幸，我们的文化并不十分看重为母之道。如果人们重男轻女，如果社会上男性的地位要优越，女孩自然不会喜欢自己未来的工作，因为没有人会满足于从属地位。这样的女孩结了婚，怀了孩子后，她们便会以各种方式表示自己的抗拒。她们不愿或还没有准备好要小孩，她们不期盼孩子的降生，也不认为这是个有趣的创造性活动。这可能是我们的社会存在的最大的问题，却很少有人重视。要知道我们人类的未来维系在女性对为母之道的态度上，而实际上女性的地位得不到重视，被严重看轻，甚至被认为是次要的。此外，在儿童时期，男孩们就已经把做家务看作是下人们的工作，是有违自己的尊严的，而对女性长期承担了家庭大部分事务，并不看作是一种伟大的贡献，反而看成是低贱的劳役。假如女性能把家务看作是一门艺术，能从中获得快乐，并能乐此不疲，那么，她们就会把家务工作看作是世上最了不起的一项工作。但要是人们把这种工作看作是低贱的，那么女性就会对此产生抗拒，甚至反对做这类工作，并由抗拒来证明（其实根本无须证明），男女是平等的，她们也应该拥有向其他领域发展的权利与机会。人的潜能必须要由社会来推动才能得到发挥，社会才能让人的潜能朝着正确的方向发展，不会受到外力的限制。

只要女性的地位继续受到歧视，社会的婚姻生活的和谐就会被毁坏。如果一个女人认为照料孩子是件低贱的事，她就不可能学会如何给予孩子一个正确的开始所需要的关心、技巧、了解与同情。对自己的性别角色不满的女人，她的生活目标会阻止她和孩子产生亲密的关系，因为她的目标跟孩子的需要相违背。她常系于心的是获取个人的优越感，而想要达到这样的目的，孩子会是一个很大的障碍。如果我们梳理一下生活中很多失败的案例，会发现，这些人的失败都与最初时期母亲没能尽到职责有关。假如母亲们失败了，假如她们不满自己的职责，对孩子不能全身心投入，那么孩子也不会有一个好的开始，全人类都将陷入危险。

但我们不能把女性看作是罪魁祸首。她们没有罪，也许她们一开始就没从自己的母亲那学会合作，也许她们的婚姻家庭生活并不愉快、并不幸福。她们的生活遇到了各种各样的阻碍，如，当一个母亲生病了，即使她渴望与自己的孩子在一起，照顾他，却心有余而力不足；当她需要出去工作，回到家时已经毫无精神；当家庭的经济状况很不好，母亲没有条件为孩子提供充足的食物、合适的衣物、良好的居住环境等等，她们也就没办法直接而有效地和孩子进行合作。此外，决定孩子行为的，并非她的经验，而是她从经验中得到的结论。在我们分析问题少年的自述时，我们能发现这些少年跟自己母亲的关系存在着困难，但这样的困难即使是在品行良好的儿童中，也一样存在。在此，我们应该来回顾一下个体心理学的基本观点。一个人的特征的发展没有什么理由，但儿童会为了自己的目的，利用自己的经验。例如，我们很难断言，营养不良的儿童一定会成为罪犯，我们所要看的是他们从自己的经验中得到的是怎样的人生观。

很明显，一位妇女如果对自己身为女性的社会角色很不满，她就会遇到很多的困难与不必要的紧张。她的孩子同样会遇到困难，并感受到压力。但我们知道母性的本能是十分强大的。调查已经表明：母亲保护孩子的倾向要强于任何其他倾向。对动物而言（例如老鼠和猿），母性的本能已被证明比性和饥饿的驱动力更强。如果要她们在这几种驱动中选择一种，母性的本能总会获胜。这一行为选择的基础并非是性，它来自合作的目标，母亲通常把孩子视为自己的一部分。通过孩子，她才与全部生活联系起来。她觉得自己决定着生与死。在每位母亲身上，我们或多或少地会发现一种现象，那就是母亲会把孩子看作是自己的创造品。我们几乎可以说，她觉得自己像上帝——从虚无中创造了一个鲜活的生命。事实上，对母性地位的渴求是人类对优越地位——成为神圣——追求的一种表现。这个例子告诉我们：为了人类整体的内因，人会以最深刻的社会意识，把对优越感的追求在他人身上实现。

当然，母亲可能会夸大孩子是自己一部分的这种感觉，强迫孩子为实现自己的优越感目标服务。她可能还会设法让孩子完全依赖自己，控制孩子的生活，企图使孩子永远留在自己身边。我来举一个 75 岁农妇的例子，她儿子在 50 岁时还与她住在一起。两人同时得了急性肺炎，母亲活下来了，儿子被送到医院后却死了。当母亲得知儿子的死讯时，她说："我早就知道我没法把这个孩子平平安安地带大。"她觉得自己要对孩子的一生负责，从来没尽力要使他成为社会的一员。由此我们可以明白，如果母亲不能很好地发展孩子对社会的参与能力，并引导他懂得与环境中的其他人平等合作时，她犯下的是一个多么严重的错误！

母亲是一种有着多重关系的社会角色，不应该单纯地只把注意力放到与孩子的联系上。不论从孩子还是母亲来看，都是如此。过于专注于一个问题，就会忽视另一个问题。跟母亲有着直接联系的包括她的孩子、丈夫，以及围绕着她的全部社会关系，这三方面缺一不可。母亲必须依靠常识，理性冷静地处理好三者之间的关系。如果只注重和孩子的联系，就会对孩子过分溺爱，甚至娇宠，让孩子很难形成良好的社会合作能力。在成功地将孩子与自己稳定地联系到一起后，她的第二项工作是把兴趣扩展到孩子的父亲身上，但如果她自己对孩子的父亲没有兴趣，这项工作就无法展开。接下来，她还必须把这种联系扩大到周围环境中去，比如别的孩子、亲戚、朋友等等。因此，作为母亲的职责是双重性的：首先要让孩子有一个值得信任的最初经历，然后还必须帮助孩子把这种信任与人的友情扩展到整个社会。

如果一位母亲让孩子的注意力集中在了自己身上，会导致孩子很难甚至拒绝跟其他人接触。孩子会永远寻求母亲的支持，对于认为是在跟自己竞争母爱的对象，会充满敌意。只要她对丈夫或对家里其他孩子表示一点儿兴趣，这个孩子便会觉得自己的权利被剥夺了，久而久之，这个孩子就会产生这样的观点——"妈妈是我的，谁也无权分享"。

现代心理学家大多误解了这种现象。在弗洛伊德的俄狄浦斯情结理论中，假设男孩有恋母倾向，并希望跟自己的母亲结为夫妻，导致对父亲的憎恨并希望杀死父亲。如果我们了解了孩子与母亲之间的联系建立的实际情况，就会很容易避免这种错误的产生。俄狄浦斯现象通常只导致孩子对母亲关注的完全占有，并排斥别的孩子。这种现象与性欲没有必然关系。它是一种支配母亲的欲望，想要完全占有母亲并使之成为自己的附庸的欲望。只有那些受到过度溺爱、对其他人缺乏兴趣的孩子，才会出现这样的现象。在很稀少的例子中，那些与母亲的联系过于紧密单一的男孩子，才会把自己的性需求指向自己的母亲，但这种倾向的含义是——除了母亲，他无法找到任何愿意跟自己合作的对象。因为在他看来，不会有其他任何的女性会愿意替代母亲的角色，像母亲一样臣服并完全属于自己。由此可以知道，俄狄浦斯情结是教育的结果，它不是来自遗传的获得性产物，我们不需要想象这种变态的根源来自性本能。

一个被母亲过度束缚在自己身边的孩子，一旦进入一个不再跟她单一联系的环境，就会出现问题。例如上学或是在公园这类公共场合，与其他小孩发生联系时，孩子的目标仍然会指向母亲。任何时候任何情况下，他都不愿跟母亲分开。他的愿望就是让母亲一直在自己身边，注意自己、关心自己。为了达到这种目的，他会采用很多手段，通过母亲的溺爱成为母亲的乖宝宝，成为软弱的人，博取母亲的同情与担忧。这样的孩子很可能会经常哭泣、生病，表现出自己离不开他人的照顾。他还会经常发怒，不服从母亲并跟母亲发生争吵，以此来取得母亲的关注。问题儿童中被过度溺爱的占有很大比例，他们总是在执着地寻求母亲的关注，抗拒环境带来的任何变化。

通常来说，孩子很善于找到最有效地吸引母亲注意力的方法。那些被过度溺爱的孩子，害怕独处，对黑暗的恐惧更严重。实际上他们害怕的不是黑暗，他们是把黑暗当作手段，来让母亲更加靠近自己。还有一类被宠坏了的孩子，他们会在黑暗中不停地哭闹。如果有一天晚上母亲回应了他的哭闹，来到他身边问他："你为什么害怕？"他会回答说："我怕黑。"但这时他母亲很可能看穿了他的把戏，会这样质问："难道我来了，黑暗就不存在了？"由此可以看出，黑暗本身并不重要，重要的是母亲在自己身边。这样的孩子如果跟母亲分开了，就会采取所有可以把母亲唤回到自己身边的手段，调动起情绪、力量、心智，尖叫、哭喊、无法睡眠，甚至是伤害自己的手段，以此来造成一种母亲必须在他身边的氛围。通常教育家与心理学家都会注意"害怕"这种现象，但个体心理学不再关心找出害怕的原因，而是寻找害怕想要达到的目的。每一个被过度溺爱的孩子都会有一些害怕的对象，他们利用自己的害怕来引起注意，最终把这种情绪变成了自己生活方式的构成要素。他们的目标就是不断地企图建立与母亲的紧密联系。可以这样说，胆小的孩子大多是被过度溺爱的孩子，而且他们想要这种溺爱继续下去。

被过度溺爱的孩子常常会梦魇，在梦中哭出声来。这是一种很普遍的症状，但把睡眠看作是与清醒对立的状态，是无法理解这种症状的。而事实上睡梦与清醒并非对立关系，而是同一种事物的不同形式。在梦中，孩子的行为方式跟在清醒状态下是大致相同的，都是企图让环境来符合自己的利益，这样就会对他的身心健康造成负面的影响。在经过一段时间的尝试与经验的积累，他就会找到达到其目的的最佳手段。即使是睡眠中的思维活动，那些符合他目的的影响与记忆也会出现在他的脑海里。在经过几次尝试后，一个习惯于满足自己要求的孩子就会发现："让自己恐惧"这个想法，是最容易使得母亲跟自己在一起的方法。即使是在长大成人后，他们仍旧会保存自己充满焦虑的梦。在梦里自己吓自己，是一种百试不爽的手段，逐渐就会成为习惯。

利用类似焦虑来达到目的的现象是很普遍的，反倒是听说某位被宠坏了的孩子睡觉时很安静，才是让人奇怪的事。吸引注意力的方法千奇百怪。有些孩子会认为自己的睡衣很不舒服，有的总是要求喝水，还有些害怕强盗、野兽等。一些孩子如果父母不在身边就无法入睡，有些会做噩梦、掉下床、尿床等等。我曾经治疗过一个夜里似乎从不找麻烦的被过度溺爱的孩子。他母亲说他睡觉很安静，既不做梦，也不会半夜醒来，他只是在白天制造麻烦。这真的很让人吃惊。我列举了一系列类似病症，与这个女孩都不相符。最后，我问："她睡在哪里？"母亲回答："睡在我的床上。"顿时，我什么都明白了。

对那些被过度溺爱的孩子，生病往往是他们求之不得的。原因只有一个，那就是生病总是能得到更多的照料。这类孩子只有在得过一场病后，才会显现出问题儿童的症状，会让人产生错觉，以为是生病才导致他们出现问题。实际上，这是他们在生病过程中，得到了更多的宠爱，使得他们食髓知味，在痊愈后还想要继续维持生病过程中得到的待遇。为此，他们就会制造麻烦来表示对自己的待遇减少了的抗议。很多时候，孩子会注意到另一个孩子在生病时成了他人关注的中心，为此他也希望生病，甚至会通过亲吻患病儿童这种极端的手段，来让自己达到生病的目的。

一个曾经住院四年的女孩，在住院期间得到了医生与护士的宠爱。回到家里，一开始她的父母也很宠爱她，但几个星期后，他们的关怀程度降低了。如果在她要求一件东西被拒绝后，她就会把手指头放进嘴里说："我想住在医院里！"她这是在提醒人们，自己曾经是病人，而且很希望重新成为病人。这样的现象我们在成年人中一样能看到，一些人喜欢谈论自己得过的病、动过的手术。但在另一方面，有些时候那些曾让父母头疼的孩子，在大病一场后会变得正常起来，不再制造麻烦。我们说过，身体缺陷是孩子们的一种额外负担，同时我们也说过，它们不足以用来解释性格导致的不良现象。我们不得不怀疑，身体上的障碍的消除，是这种改变的因素之一吗？有一个是家中老二的男孩，说谎、逃学、残忍、不服从，惹出了很多麻烦，他的老师对他束手无策，不得不建议把他送到感化院。也就是在这个时候，这个孩子生病了。他的臀部患上了结核病，打上石膏在床上足足躺了半年时间。痊愈后，他变成了家里最听话的孩子。我们很难相信一场疾病能带来这样的结果，事实上，很显然，这样的改变说明他知道了自己以前行为的错误。生病前，他一直认为父母更爱自己的哥哥，从而忽视了对自己的关怀。在生病期间，他发现所有人都在关心自己、照顾自己、帮助自己，因此他认识到了父母并不是忽视自己的存在，也就消除了自己受到忽视的想法。

如果认为补救母亲们造成的错误的最佳方法，是不要母亲照料自己的孩子，而把他们交给专业的育婴机构通过护士来照料，这种想法十分荒唐可笑。我们如果要寻找母亲的替代品，就要找一个能起到母亲作用的人——能像母亲一样，让孩子对她感兴趣，否则还不如直接训练亲生母亲要容易得多。在孤儿院长大的儿童往往对别人缺乏兴趣，原因是没人能成为孩子与他人之间的沟通渠道。有人曾做过一个实验，他们找来一些护士和修女，专门照顾一些孤儿院里成长不良的儿童，另外就是把他们送到一些家庭里去。实验的结果显示：只要选择的照顾人合适，这些儿童的进步就很显著。一般来说，对待这类孩子的养育，最有效的方法就是找到能代替父母的人，让他们过上普通的家庭生活。由此可见，从父母身边带走孩子，最主要的是能找到替代父母行使职责的人。很多失败者都曾经是孤儿、私生子、弃儿或者来自一些破裂家庭。由此可见，母爱对一个人的重要性是无法取代的。

　　一般来说，继母这一角色很难扮演，原因是前妻留下的孩子往往会有强烈的抵触情绪。这个问题并非无法解决，我见过许多成功的继母。但大多数继母都不能很清晰地明白这种情况。母亲去世后，孩子多半会把情感转移到父亲身上，经常会受到父亲的宠爱。而继母的出现，常常会让孩子感觉到自己的爱被剥夺了，对继母的抵触情绪也就自然会产生。当遇到继母对这样的抵触展开反击，孩子的处境就会非常凄惨。孩子对此的反抗会更加剧烈。这样必然导致的是持久的对抗，而且孩子不可能在这样的对抗中最终妥协，无论是胜利还是失败。在这种对抗中，父母最软弱的方法才是最有效的。孩子不会面临被强制屈服。如果我们都能认识到"合作和爱是不可能经由暴力获得的"这个道理，那么，这个世界一定能避免很多的对抗与伤害。

2. 父亲的角色

家庭生活中，父亲与母亲的作用是同等的。在最初的时候，孩子与父亲的关系并不是很紧密，父亲的影响是在后来才显现出来的。我们已经说过，如果母亲不能让孩子的注意力逐渐转向父亲，很可能对孩子的成长造成危害。对自己的父亲毫无兴趣的孩子，他的社会感会存在很大的缺陷。那些不圆满的婚姻同样会给孩子带来将来的危险，因为很多情况下，母亲认为自己没有能力把作为父亲的丈夫留在家里，因此她不得不依靠自己来全方位地给予孩子保护。也有可能父母双方都为了自己的利益，把孩子当作是争执的焦点。比如，他们都希望孩子依附于自己、爱自己或者是更甚于爱对方。当这样的冲突被孩子发现后，某些孩子很可能利用这种冲突，让双方都受到自己的操控。其结果就是在父母之间制造出竞争，从而让自己的利益最大化。成长于这种氛围下的孩子，是无法获得合作意识的。他们最先感受到的就是合作出现问题的父母，这样的父母无法给予孩子合作的诱导。而且孩子对婚姻与异性伴侣的认知，也是开始于自己的父母。在不好的婚姻状态下成长的儿童们，如果在以后的成长中不能得到纠正，他们会把婚姻看作是一种不幸。

这样会导致他们回避异性，要不然就先入为主地觉得对异性的追求是不可能成功的徒劳之举。这也就是说，假如父母的婚姻不和谐，不能成为社会正常生活的缩影，也没能为社会生活做好准备，那么孩子在未来一定会遭遇生活障碍。婚姻的意义是两个人结合到一起，共同谋取他们的利益与幸福，这包括了他们孩子的利益与幸福，还有家庭、社会的利益与幸福。在婚姻上的任何失败，都会导致生活失去平衡。

　　婚姻首先是一种伴侣式的合作关系，没有一方会更优越。关于这一点，现在我们需要新的讨论，而不是固守自己的看法。家庭生活中不需要的是权威。如果其中一位成员成为显著的主导者或者是占有者，拥有比其他人更高的地位，那将会是很不幸的。脾气暴躁的父亲，想要控制家庭的其他成员，这样就会给男孩子带来误导。女孩子往往是这种误导的受害者。而且在这样的环境下长大的女孩，会对男性有很不好的印象，会把他们看作是暴君，婚姻关系则会成为奴役与臣属关系，甚至还会导致一些女性出现性倒错，从而避开与男性的性关系。但反过来，要是母亲在一个家庭中占据主导地位，这位母亲又整天都喋喋不休地对家庭成员们吹毛求疵，情势就会颠倒过来。女孩们会模仿自己的母亲，变得不温柔、尖酸刻薄、喜欢挑衅。男孩们会处于防御地位，害怕受到家里的女性们的批评指责，尽可能地表现得循规蹈矩。遇到这样的情况，很多时候不仅是母亲，家庭里的其他女性也会加入对男孩的管束里去。直接的结果就是男孩子会变得胆小、保守、畏缩，害怕社交，尤其害怕女性的唠叨和求全责备，会对任何女性都敬而远之。谁也不会喜欢总是受到批评，但当一个人开始逃避批评时，他与社会之间的联系就会出现问题。这个人会把每件事都以这样非此即彼的态度来对待，会不断地问自己"我是征服者，还是被征服者"，然后把人与人之间的关系看成是只存在竞争的游戏。

父亲的任务可以总结为以下几点：他必须证明自己是妻子的好伴侣、儿子的好同伴、社会中的好成员；他必须正确处理工作、友谊和爱这生活的三大问题；他必须平等对待妻子，照顾并保护自己的家庭。他不应忘记，女性在家庭生活中的作用无可替代，所拥有的创造性地位不容侵犯。他的责任就是与母亲合作。特别需要强调的一点是，即使他是家里的经济来源，也一样不能趾高气扬，把伴侣当成下人使唤，而是应一同分享财富。他绝不能显得自己在施舍，别人在接受。在幸福的婚姻中，他挣钱只是家里劳动分工的结果。许多父亲利用自己的经济地位来获取家庭的统治权，是不可取的。家庭中不应有统治者，任何可能造成不平等感觉的可能都应避免。与此同时，每位父亲都应意识到，我们的文化过于强调男性的优越，结婚后妻子会总是在担心自己沦为附庸。作为丈夫和父亲，他应该知道，不能只是因为妻子是女性，不能像他一样赚钱养家，她就不能跟自己平起平坐。无论做妻子的对家庭的经济是否做出过直接贡献，家庭生活需要的是分工合作，是和谐。

父亲对孩子的影响十分大。许多孩子在一生中要么把父亲视为偶像，要么作为仇敌。惩罚特别是体罚，对孩子的伤害是很大的。任何不友善的教育，都是不好的教育。很不幸，家庭中惩罚孩子的角色通常会由父亲来扮演。之所以说是不幸，是

基于以下几个理由 :（1）这会让做母亲的产生一种错误的信念，认为女性是不能做好教育孩子这项工作的，而是需要更加强有力的人来帮助。要是母亲总是这样告诉自己的孩子 :"等你爸爸回来教训你! "这就等于是在向孩子暗示，父亲才是这个家里的最大权威和最终决定权的拥有者。

（2）破坏孩子与父亲的关系，使孩子害怕他，而不把他视为良友。也许有些妇女担心如果由她们自己来惩罚孩子，会失去孩子对她们的感情，但解决方法不应是把惩罚的责任全部推给父亲。孩子们不会因为母亲给自己召来一名惩罚的执行者，就不再对她有怨言和不满。许多母亲用"告诉你爸"这样的威胁来强迫孩子顺从，这样的话，父亲在孩子心里会是怎样的角色呢?

如果父亲能以一种积极有效的方法应对生活中的三大问题，父亲就能成为家庭的中坚力量，以及好丈夫、好父亲。他必须平易近人，善于与人交往，一旦他拥有朋友，也就让家庭成为社会环境的一部分。好的父亲既不远离社会，也不过于受传统的束缚。家庭之外的影响能进入家庭，他也会言传身教自己的孩子如何去与社会合作。即使是夫妻各自拥有自己的爱好、自己的朋友和社交圈子，也不会影响到家庭的和睦，只要他们与此同时拥有部分相同的社交圈子，并且能相互理解、不造成相互间的矛盾。我这样说并不是在要求夫妻应该不即不离，而是在他们的共处中，都感受不到存在障碍。但如果丈夫不愿意把自己的社交圈子介绍给妻子，不和谐也许就会发生。这样的情况下，做丈夫的生活中心很可能不在家庭，而是在其他地方。让孩子在成长过程中认识到，家庭是社会的一个组成部分，在家庭之外还有很多值得信赖并进行合作的对象，这一点非常重要。

如果父亲与自己的父母、兄弟姐妹关系融洽，这对他的合作能力来说，是一个好的征兆。当然，他最终会离开家庭而自立，但这并不是说他讨厌自己的亲人。有时候，两个仍然依赖父母的人结婚，他们会夸大与原来家庭的联系。当提起"家"时，他们指的是父母的家。如果他们仍把父母视为家庭的中心，便无法建立一个真正属于自己的家庭。这是一个关系到各方合作能力的问题。有时，男方的父母会嫉妒，他们想知道儿子生活中的每一个细节，从而给新的家庭的建立带来很多麻烦。这样的情况下，做妻子的会感觉到没有受到应有的尊重，对公婆产生怨言。这种情况在那些不顾家庭反对，尤其是男方不顾家庭反对自己做主结婚时，最容易出现。对于男方的父母来说，这也许是对的，也许是错的。对儿子的婚姻不满意，他们应该只在婚前表示出来，而不应该在婚姻既成事实、新的家庭已经建立后，继续反对。他们要做的唯一一件事，就是尽力帮助儿子拥有一个美满的婚姻家庭。对于门户差异，做丈夫的要事先有所准备，不该为此烦恼。他应该做的是努力去证明自己的选择是正确的。夫妻并不需要凡事都得到自己父母的赞同，但如果能彼此理解、合作，而妻子也能理解公婆，那么事情就会顺利起来。

每个人对于一个父亲最明确的要求是——解决工作问题。他应当受过职业训练，能帮助自己的家庭。妻子在这方面也许能帮他一把，而且以后孩子也许也可以。但在我们的文化中，经济责任还是主要落在男人身上。这意味着丈夫必须工作、必须勇敢，必须了解自己的职业，必须能在工作中与人合作，得到他人的尊敬。除此之外，一个父亲的所作所为，还会影响到孩子未来对待工作的态度。因此，他必须找到解决之道，找出对全体人类都有贡献的职业。但他是否认为自己从事的职业是否有益其实并不重要，重要的是这个工作本身有用。我们不需要听他的一面之词。如果他认为自己是利己主义，固然有点可悲；但只要他从事的工作是有利于人类共同事业的，也就足够了。

3. 家庭成员及相互间的关系

现在来讨论一下如何解决爱情问题——婚姻和建立幸福有效的家庭生活。作为丈夫，最重要的是对自己的配偶拥有强烈的兴趣。看一个人是不是对另一个人有兴趣很容易，如果他对她有兴趣，就会爱屋及乌地对她喜欢的事物也感兴趣；当他爱上了她，就会把她的幸福作为自己必须顾及的目标。情感不仅通过兴趣体现出来，而且很多家庭情感也是夫妻间和睦的证明。他必须成为妻子的好伴侣；他必须努力使她过上更好的生活；他必须开朗有活力，能够带给她快乐。只有当夫妻双方都认为共同的利益高于各自的利益时，真正的合作才可能出现。所以，两个人对对方的兴趣都应该高于对自己的兴趣。

在孩子面前，丈夫不能过于公开表露对妻子的感情。确实，夫妻之爱与对孩子的爱不是一回事，二者不能用来类比，也不能相互抵消。但如果作为父母的夫妻过于亲密，会让孩子觉得自己被忽视了，会因此产生妒忌之心，并不由自主地想要与父母的一方一较长短。

夫妻间的关系不能过于严肃。另外，在对孩子解释性关系时，父亲对儿子，母亲对女儿，除非孩子主动表示出想要知道的意愿，除了那些属于在其成长阶段应该了解的，最好不要自以为是地去主动告诉他们过多的信息。我认为，在我们这个时代，存在一种想要孩子们知道更多性知识的倾向，而不管孩子们是否有能力掌握。这会导致不必要的对性的好奇与兴趣。有些人对待性的态度过于随便，几乎把它当成日常生活中的普通事情，这样造成的后果，并不会比对孩子封闭与性有关的知识带来的后果更好。最好的方法是，先了解孩子想知道什么，并只回答他所思考的问题，而不是以我们自己的标准，去灌输一些我们认为人人都知道的信息。我们必须要取得孩子们的信任，使得他们愿意合作，帮他们找到解决问题的方法。只有这样，我们才不会犯严重的错误。另外，不要去担心孩子们会从同伴那得到什么不好的性故事，对于有着很好的合作习惯的孩子，是不会受到他人的言谈的坏的影响的，而且孩子在这类事上，经常表现得比他们的长辈更细心。一个不准备接受坏信息的孩子，是不会受到道听途说的影响的。

在现代社会，男性有更多机会与社会接触并获取经验。这些接触与经历可以帮助他们了解社会，判断利弊，并了解到更多的自己国家甚至全世界的道德的关系。男性的活动范围仍然要比女性的大。在这类问题上，男性应该扮演的角色是家庭顾问，而不是利用自己信息的优势，采取夸大其词的方式对待家庭的其他成员。丈夫与父亲不是家庭的教师，他应该做的是像朋友一样地忠告家人，并且要避免引起反感。他的看法如果得到赞同，也不要得意扬扬。如果他的妻子因为没能很好地与他合作，公开反对他的看法，他也没必要固执地坚持自己的观点，更不应该用尽全力来说服对方。他应该做的是，寻找更好的办法，来化解这种对抗。强行坚持自己的观点是无法让人信服的。

金钱不应被过分强调，或成为争执的主题。家庭中妻子很少出去挣钱，因此会对金钱更敏感。如果随便指责她们浪费，对她们的伤害会很深。经济方面的事情，应当在家庭经济能力之内合作来解决。妻子和孩子不应该施加影响来促使做父亲的支付超出其能力范围内的开支。从一开始，家庭就应该对开支达成共识，避免某个成员感觉到自己受到了歧视。而作为父亲，不应该做的就是，认为单凭金钱就可确保孩子的未来。我曾读过一本美国人写的有趣的小册子。其描述了一个出身贫穷的富人，希望自己的后代子子孙孙都能免于贫困。他去找一位律师咨询如何才能做到这一点。那位律师问他，你希望连续几代人保持富裕？他对律师说，自己目前的能力足以保证十代子孙过上富裕的生活。而律师回答说："你当然有这个能力。但你要知道，你的第十代子孙每个人身上都有来自五百名祖先的基因。也就是说，有五百个家庭都可以说是这个子孙的先辈。那么这五百个家庭算不算你的子孙呢？"这让我们了解到，无论我们为我们的子孙做什么，我们都是在为这个社会做贡献。我们根本没办法割断我们跟我们的同类的联系。

当一个家庭中不存在绝对的权威，这个家庭就一定会存在真正的合作。父母应当合作处理有关孩子教育的一切事情。他们中任何一个都不应该表现出偏向于某一个孩子。偏爱的危险性再怎么强调也不过分。儿童时期的任何沮丧，几乎都是因为觉得别人受到偏爱而产生的。有时这种感觉并不完全对，但父母如果一视同仁，那么孩子的这种感觉就不存在滋长的可能性。如果父母存在着重男轻女的倾向，女孩几乎不可避免地就会产生自卑情结。孩子是敏感的，如果怀疑别人受到偏爱，即使是那些本性良好的孩子，也可能在生活中走上错误之途。孩子中的某一个可能比其他的孩子更聪明更可爱，父母会不由自主地对他产生出更多的喜爱。这时候，好的父母就会设法避免过多地表现出这种偏爱，否则会给稍微差点的孩子的心灵造成很大的阴影，使得他们感到沮丧，然后产生妒忌并对自己产生怀疑，这样的结果会严重伤害孩子的合作欲望与能力。当然，不能仅仅是表示没有偏爱，做父母的更应该细心去观察，在自己每一个孩子的心里，自己是否造成了偏爱的感觉。

接下来我们来讨论家庭合作的另一个重要组成部分——孩子们之间的合作。除非觉得彼此是平等的，否则人类就不可能对社会有良好的兴趣。在家庭中，除非男孩子和女孩子都觉得彼此是平等的，两性之间的关系才会减少很多障碍。对于同一家庭里长大的孩子，为什么会存在很大差异这一问题，有一些科学家把原因归结到遗传，但我们不认可这种结论，认为这是一种迷信。我们如果把儿童看作是树苗，当很多树苗种植在一起时，事实上拥有的环境存在着很大差异。如果其中一棵获得了更多的阳光，所扎根的土壤也更加肥沃，那么就会生长得更快。与此同时，这棵树的生长必然会影响到其他树苗的生长。因为它会遮蔽住阳光，它的根系也会更发达，汲取的养分也会更多。那些发育迟缓的树苗就会生长不良，受到阻碍。在一个家庭中，假如有成员过于强势，其结果也势必跟那些树苗一样。

我们说过，父母在家庭中都不应该拥有过于显眼的地位，如果父亲非常成功或者才华出众，孩子们就会在比较中感受到一种压力，会对自己没有充足的信心。当孩子失去信心了，他们对生活的兴趣也会丧失很多。这也是为什么名门子女经常会对父母和家庭失望，从而对社会失望的原因之一。一个做父亲的无论在自己从事的行业中多么成功，都不应该把这种成功带回家里，否则就会影响到孩子的成长。

孩子之间也要避免类似的攀比。一个孩子过于优秀，就会无形中占有其他孩子的被关注度。对这个优秀的孩子来说，这也许是一种很不错的感受，但别的孩子就会感到压抑并慢慢憎恨这种差异。想要人屈居人下而不感觉到屈辱和不平，几乎是不可能的事情。杰出的孩子往往会不小心伤害到其他人，因为这个杰出的孩子的存在，其他孩子说是在缺乏心灵的润泽下成长，完全不为过。无论如何，他们都不会停止对优越地位的追求，因为这种追求是人的本能。于是，他们的追求很可能转向别的方面，可能不切实际，可能对社会没有用。

在探索孩子出生顺序的利弊方面，个体心理学开拓出了一片广阔的天地。在此我们力求简洁，设置一个父母合作良好并都能全心全意地照顾自己的孩子的前提。可是，这并不能完全解决孩子在家庭中出生次序带来的差异，而且每个孩子都是在这种差异性环境下成长的。因此，每个孩子都会在自己的生活方式中，留下他对环境适应的特殊的痕迹，其结果也会不一样。

长子都有过一段唯我独尊的时间，直到第二个孩子的出生，长子突然被迫去适应全新的处境。一般而言，家庭中的长子受到的关怀更多一些，这很容易导致长子产生对作为家庭的中心的习惯性心理。一旦处境改变了，他发现自己不再是那个唯一的中心，他必须和另外一个对手分享父母的关爱。这种突然的改变会留下很重的心理影响，我们发现，问题儿童，精神心理疾病患者，罪犯、酗酒者、堕落者，这些人很多正是在这种环境下开始出现问题的。他们中间有很多人都对另一个孩子的出生感到困惑，并且觉得自己的爱遭到了剥夺。他们在一个很短的时间内，就改变了自己的生活方式。

　　除了长子，别的孩子同样会遇到类似的问题。但他们的感受不会有长子那样强烈。因为之前他们已经有过和别的孩子共处的经验，他们从来也没有过独占关怀与爱的时候。这对长子来说是一种很难适应的变化。假如他们真的因为新的孩子的出生受到了冷落，我们就无法期望他们能心平气和地接受这样的事实，他们的愤怒和失望是理所当然的。但如果父母能帮助他，让他对他们的爱有信心，并做好接受新的孩子到来的准备，同时从一开始就学习怎样相处，去尝试着照顾，那么问题就不会很大。只是大多数情况下，这些长子都没有做好准备。原本属于他的很多的关怀、爱和父母的陪伴，事实上的确被新的孩子占据了。于是，他就会想方设法地把母亲拉回到自己身边，开始考虑怎样去做才能重新赢得父母的关注。我们也会看到母亲在两个孩子之间的摇摆不定，因为两个孩子都企图更多地占有母亲的注意力。大的那个通常采取的手段是强行夺取，并不断尝试各种新的方法。可以这样想，如果换成是我们，也一样会做出跟他类似的举动——会找母亲的麻烦，和她对抗，做出一些她不得不重视的带有破坏性的行为。最终的结果是让母亲不厌其烦。他的行为很粗暴、蛮横，甚至带有挣扎的意味。他的母亲因为他的顽劣而对他无可奈何。而到了这时，他就真的开始品尝到失去母爱的滋味了。他为了获得母亲的爱而战斗，却与母亲的爱渐行渐远。他因为感觉到被冷落，现在真的遭到了冷落。这样一来，他的理由也就更充分，他会想："我就知道是这样，他们都错了，只有我是对的。"他就像是掉入陷阱，越是挣扎越是陷得深。这样的结果使他的怀疑得到证实，他的行为越发拥有坚实的理由，他的战斗也就不会停止。

对于这类孩子对父母发起的战争，我们需要针对不同的环境来看待。母亲被卷入这场战争里，要是展开反击，孩子的性格会变得暴躁，行为会变得粗野，任何一点儿小事都会成为导火线。要是这时候父亲出现了，并给予他之前那样的关爱，他会向父亲靠拢，会努力去赢得父亲的情感与关注。年纪大的孩子一般都更喜欢父亲，因此我们只要看到一个孩子更喜欢自己的父亲，那么就可以断定——事态已经发展到下一个阶段了。从最开始对母亲的依恋，到失去母亲的情感，现在他把自己的情感满足对象转向父亲，并作为对母亲的谴责。偏爱父亲的孩子，我们都可以找到他曾有过情感悲剧的历史。他因为觉得自己被抛弃，会耿耿于怀，这种感觉会成为他生活方式的基础存在。

这种战争持续的时间会很长，有时候会在一个人身上持续一生。孩子学会了争斗与坚持，他就会在任何环境下都争斗。这也许仅仅是因为他认为没有人愿意跟自己做朋友，让他感到绝望，认为以后不会再有谁爱自己。我们会看到其结果是这个孩子的性情变得易于波动，敏感而又胆小，无法正常与人合作。这样的孩子会变得孤僻。他所有的行为都围绕着过去他是唯一的被关注的中心的时期。也就是说，家庭中最大的那个孩子很容易表现得对过去感兴趣，喜欢提到过去，喜欢谈论过去的某段时间，对未来缺乏信心。有的时候，这类看似失去了自己独立王国的权力与地位的孩子，他们对权力更在意。在他们长大成人后，会喜欢权势与对他人的控制，并对规则与纪律更加强调。但同时他们也更保守。这类人会经常担心自己的权力与地位会被人取代。

长子的地位尽管很容易带来特殊的问题，但如果处理得当，就不会导致不良后果。要是能在新的孩子出生前就学会合作，他就不会受到伤害。在现实生活中，我们很容易发现，那些长子更善于保护他人和帮助他人。他们会对年幼的弟弟妹妹扮演父母的角色，照顾他们、引导他们，拥有更强的责任感，而且这些人的组织能力通常都比较突出。但想要保护他人的愿望，有时也会变成希望他人依赖自己、接受自己的统治的欲望。我在欧洲和美洲的研究经验告诉我：问题儿童大部分都是长子，或者是最小的孩子。极端地位带来极端问题！这还真是一种有趣的现象。至今我们的教育方法还不能有效解决长子问题。

再就是次子。次子所处的地位完全不同，其处境无法跟任何其他孩子进行比较。从出生时起，他就需要跟另外一个孩子分享父母的关爱，这样的处境使得次子更容易与人合作。如果长子不与之敌对并压制他，他的处境相对而言是很不错的。次子与长子比起来，有很多明显的不同之处——在整个童年期，他始终要面对一个竞争者。长子的存在并领先于自己，让他有一个明确的追赶目标，因此典型的次子是很容易辨认的。他们就像是比赛中那个落后的人，总是在追赶中。长子给他的压力会导致他更多地处于紧张中。《圣经》故事给了我们很多神奇的心理学暗示，那个雅各的故事，就是很好的关于次子的描述。雅各一心想要超过自己的哥哥以撒，并取而代之。在现实中，次子通常都努力地想要超过他人。他们的目标很明确，也经常会取得成功。对此，我们看不到遗传的任何影响。如果他超越别人取得成功，完全是因为他对自己有更高的要求。即使是在长大后，离开家庭进入社会，他也会寻找一位能作为自己的目标和对手的对象，他会和这个对手进行比较，想方设法地要超过去。

不仅在我们清醒时能看到这种特征，在人格的各种展现中，也能到处都看到这样的痕迹，尤其是在梦里最容易看到。长子经常会做从高处跌落的梦，因为他们曾经拥有很高的地位，但很难保证自己不会掉下去。而作为次子，梦见最多的是参加比赛，要不就是在追赶什么，比如火车之类的，要不就是在比赛中，例如骑自行车跟人追逐。要是遇到一个人经常做类似的梦，就可以试着猜测这个人是次子。

但必须强调的是，这些标准不是一成不变的。一个人的行为像长子，但并不一定就是长子。在进行分析时，出生次序仅仅是一种因素，还必须考虑到整个环境因素。那些大家庭中，即使是出生顺序较后面的，有时也会处于长子地位，比如两个孩子相继出生后，隔了很长一段时间才出生的第三个孩子，这个孩子后面又是紧跟着出生了一到两个孩子，这样一来，老三就可能拥有长子的特点。这种现象也适合于次子。而后面的第四、第五个孩子，也可能表现出次子的某些特征。两个年龄相差不大的孩子，跟其他孩子年龄差异很大的话，他们也会发展成长子与次子的关系。

有时候我们能看到长子在比赛中被击败后的表现。那之后他们有些能维持住自己的地位，继续压制弟弟妹妹，这个时候那个惹麻烦的就会是次子。如果长子是男孩，次子是女孩，长子的处境会很困难。他要承受的是被一个女孩击败的危险，这很可能造成严重的羞辱伤害。一个男孩与一个女孩之间的紧张局势，要比两个同性之间的紧张局势更严重。在这类竞争中，女孩拥有先天的优势，因为到了 16 岁前后，女孩的身心发育都要快于男孩，其结果很可能是做哥哥的放弃竞争，这样他很容易失去信心。如果他不愿屈服，就会采取各种恶劣的手段来攻击对手，说大话和撒谎就是最常见的。可以断定，在这样的情形下，取胜的通常都是女孩。男孩会使用各种错误的手段，而女孩能轻而易举就化解。当然这种现象是可以避免的，前提是事先知道这个发展的危险性，事先采取合适的措施。家庭中，每个成员都应该享受到平等的待遇，合作、团结、一致；家庭中不应该出现敌对情绪，不要让任何一个孩子感觉到自己是处于敌对环境下，需要去与人斗争。这样才能避免不良后果的产生。

其次，我们看到除了最小的那个孩子，其他孩子都存在竞争对手。最小的那个孩子没有弟弟和妹妹，但也可能存在竞争者。因为他最小，自然会受到更多的宠爱，而他面临的危险正是溺爱。这是家庭中最小的孩子特有的困难。只不过他们受到了更多外部的刺激，他也拥有更多的竞争机会，因此最小的孩子往往会有更快的发展。他们会跑得比其他孩子快，很快就能超过其他人。这在人类历史中，最小的孩子的地位从来就没改变过。在那些最古老的传说中，就已经出现了关于最小的孩子怎样超过自己的哥哥姐姐的故事。《圣经》里的征服者通常都是最小的孩子。约瑟夫是被当成最小的孩子抚养的。在他 17 岁时本杰明出生了。但本杰明的出生对他没造成多大影响。约瑟夫的生活方式完全是幼子的形式，始终相信自己很优秀，甚至在梦中也是一样。其他人都必须屈服在他的光芒之下。而他的兄弟们都很了解他的梦，对他们来说，这并不是很难，因为他们与约瑟夫朝夕相处，对他非常了解。约瑟夫梦中的感觉，他们也感觉到了。他们开始害怕他，回避他。但最终约瑟夫还是成了第一。那之后他成了家庭的支柱。最小的儿子经常成为家庭的核心，这并非偶然。通常人们都知道这点，因此有过很多的故事来讲述小儿子的能力。他处在一个相当有利的地位，家庭中的每个人都愿意帮助他，很多事情都会激发他的雄心，同时他的背后没有一个可以威胁到他的人存在。

但我们强调过，第二大问题儿童群体就是由最小的儿子构成的。造成这种现象的主要原因是过度的溺爱。受到过度溺爱的孩子很少能完全独立。他们很容易丢失掉独立自主的愿望和勇气。通常情况下，最小的儿子都富有野心，但同时又容易变得懒惰。而懒惰是野心加上勇气丧失的结果。野心过大时，就会容易导致失败，过多的失败自然会导致失去信心。要注意的是，很多最小的儿子不愿意承认自己有野心，他们希望不受约束，希望以自己为中心。这也能很好地解释为什么很多最小的孩子会有自卑感。由于他所处的环境，每个人都比他大、比他强壮、比他更有经验，所以，他也很容易感到自己不够强大。

在独生子女中，也存在一些问题。他也有一个敌手，但不是兄弟姐妹。他的竞争对手是自己的父亲。一般来说，对自己唯一的孩子，母亲总是会特别溺爱，她本能地害怕失去这个孩子，随时随地都想要保护他。这样的后果是容易引起孩子的"恋母情结"，这样的孩子终日都在母亲的身边，会反感父亲的存在。如果夫妻不能齐心协力地让孩子对两个人都接受，就会导致这样的情形出现。可是，大部分做父亲的对孩子不如做母亲的那样关心。在现实中，独生子女跟长子有很多相似之处，最典型的是：都想要战胜自己的父亲，会喜欢年纪比自己大的人。独生子女会害怕自己有弟弟妹妹。他会对那些说"你该有一个小弟弟或小妹妹了"的人充满仇恨。他想要永远把持住自己的中心地位，也认为这是自己的权利。当他的地位受到挑战时，他会把这种挑战看作是不公平的。在以后的生活中，一旦他不再是人们关注的中心，就很容易出现问题。还有一种可能妨碍独生子女成长的因素是，他处在一个过于谨慎的环境下。如果由于各种原因导致他的父母不再生育，我们所要做的就是尽力帮助他解决独生子女会遇到的问题。不过在那些具备继续生育能力的家庭，我们也能看到很多独生子女的问题。这类家庭中做父母的过于胆小和悲观，他们觉得自己没有能力面对孩子过多所带来的压力。要是家庭中总是充满焦虑与悲观情绪，孩子的成长也会受到很大的负面影响。

如果一个家庭里孩子之间的出生时间间隔很长，那么每一个孩子都会存在独生子女现象。这并非一种理想的结果。很多人问我："你认为一个家庭孩子之间的年龄，相差多少岁最合适？"对此我的经验是，相差三岁左右是最合适的。因为三岁的孩子已经学会了一些合作的精神，在另一个孩子出生后，也能更好地接受。三岁的孩子已经能理解：一个家庭可以不只有一个孩子。要是只有一到两岁，就很难跟他讨论这个问题，他也很难理解，因此很难为即将到来的事情做好心理准备。

在都是女孩只有一个男孩的家庭里，在这样的环境下长大的男孩，也会有一段艰难的日子。他处在女性的包围中，要是父亲又经常不在家，他就会感到孤独，因为在家里，他只能看到女性。更恶劣的是，如果那些"女生"开始联合起来对付他，他就会更加感到孤立无援。这些女生觉得自己应该教育他，要不就是想要证明自己比他优秀。这样就会在他与自己的姐妹间，产生出很多的对抗与敌意。一般来说，处在中间位置时，情况最糟，他会受到前后夹击；而他要是长子，就会遇到一位对他的地位进行挑战的挑战者。如果他是最小的孩子，他很有可能变成女孩们的玩具。那些被女性包围着长大的男性，会有很多不讨人喜欢的性格。如果他能经常参加社交活动，拥有了其他的伙伴，问题就会得到解决。不然的话，他就会过于女性化。纯粹的女性环境跟性别混合环境是不一样的。我们可以设想一下，有一家这样的公寓，它没有强制性规定不允许人们按照自己的想法布置，就可以断定，如果居住的都是女性，这家公寓就会整洁干净、富于情调；假如全都是男性，那么一定会脏乱不堪，到处都是受损的物件。在女孩中长大的男孩会更多一些女性气质，对生活的态度也会趋于女性化。

反之，他们也可能对这样的环境有着强烈的抗拒，过度在意自己的男性身份。要是这样，他就会总是处于警惕状态，以避免受到女性的操控。他会意识到自己必须保持足够优秀，也为此变得很紧张。要不就朝着两个极端发展，变得极其强壮或者极其柔弱。这种现象很值得我们研究。这种现象不是经常存在，在做进一步探讨前，我们应该先研究一些个案。同样，在男孩堆里长大的女孩，也容易朝两种极端的情况发展，变得过度女性化或男性化。这样会导致她们在现实生活中缺乏安全感与拥有孤独感。

每当我把成人作为研究对象时，就会发现，儿童时期留给他们的印象是难以磨灭的。家庭地位会在他们的生活方式上留下明显的痕迹。所有发展的困惑，都来自家庭中的敌意与缺少合作。环顾一下我们生活的这个社会，并自问一下为什么敌对与竞争构成了这个社会最主要的成分——事实上不仅是我们的社会生活，整个世界都是这样——那么我们就会意识到，人类无不都是在追求成为征服者，都是在想要超越他人，并战胜他人。这样的目标是早期生活带来的结果，也是那些觉得自己在家中受到了不公待遇的儿童努力奋斗、拼命去竞争造成的后果。想要避免，唯一能做的就是给予儿童更多、更有效的训练。

第七章 学校的影响

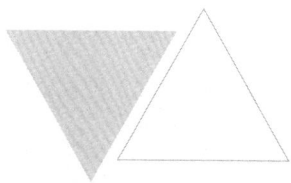

我们应该教育儿童为自己着想，应该给予他们受到艺术、文学、科学教育的机会，让所有人都拥有享受文明带来的成果的权利与义务。我们不再只训练孩子怎样去赚钱，或是在这个工业化社会中谋得一席之地。我们需要的是同胞，是共同生活中的平等、独立和负责的社会成员。

1. 教育的变革

学校是家庭的延伸。如果父母能承担起教育孩子的责任，足以教会他们去解决生活中的各种问题，那么学校教育也就没有存在的必要了。在社会上，存在着很多孩子完全在家接受教育的现象。最典型的就是手工艺行业。工匠会自己培养儿子，言传身教地把祖传的手艺教给儿子。然而，现代社会的文化对我们提出了更为复杂的要求，没有学校的帮助，单靠双亲是无法完成对孩子的教育的。现代社会需要自己的成员接受更全面的教育。

在美国，学校教育没有经历过欧洲所经历的不同发展阶段。但我们依然能看到很多权威式传统教育的痕迹。而在欧洲教育发展的历史中，起初只有贵族与特权人士才拥有接受教育的权利，这些群体构成了社会唯一的价值群体。除此之外，其他群体没有受教育的机会，只能按照自己出身的阶层按部就班地生活。之后，社会的教育更是受到了宗教机构的限制，只有极少数被选中的人能接受宗教、艺术、科学和专业技能的训练。

工业革命后，教育局面开始出现改观。教育开始普及，那时候在乡村和小城镇，教育工作很多都是由鞋匠与裁缝来担任。

这些人在教育孩子们时，通常都会手持教鞭，所教的知识也非常狭隘贫乏。在以前的时代，只有宗教大学和极少数世俗大学才教授艺术，甚至很多帝王都一样不学无术。但如今的社会，连底层的工人都能读会写，并能掌握最基础的计算能力。不得不说，正是公众学校为此做出了贡献。

可是大部分学校都是根据政府的政策设立的。当一个政府的目的是培养顺民，维持统治阶级的利益，并能提供所需的人例如士兵时，学校的课程自然就会根据这种目的来安排了。在一段时间里，奥地利就一直维持着这种教育形式，平民接受的教育就是服从，并被强制从事一些职业。渐渐地，这种教育开始受到批评，自由的思想开始萌芽，工人阶级也日益壮大，民众的诉求也越来越广泛，于是教育的理念发生了改变：我们应该教育儿童为自己着想，应该给予他们受到艺术、文学、科学教育的机会，让所有人都拥有享受文明带来的成果的权利与义务。我们不再只训练孩子怎样去赚钱，或是在这个工业化社会中谋得一席之地。我们需要的是同胞，是共同生活中的平等、独立和负责的社会成员。

2. 教师所扮演的角色

不论出于什么原因和目的，那些提出学校教育改革的人，无不是在寻求社会生活中能有更多的合作出现。例如性格教育（character education），它的目的就在于此。根据我们对这种教育理念的理解，发现它很显然是一种正确的方向。但就目前而言，这种教育的宗旨以及所需要的技术还没能被很好地理解。我们需要寻找一大批这样的教师，他们不只是为了报酬工作，而是把人类共同的利益放在首位。他们必须能感受到自己工作的重要性，并接受了良好的培训。性格教育目前还处在试验阶段。在这样的时候，我们不需要抛开教条，也不需要对性格教育做严格的规范化要求。可惜的是，现状告诉我们，即使是在学校，这种教育的结果也不能令人满意。很多儿童进入学校前，就已经在家庭中接受了失败的教育，尽管给予了很多的训练与鼓励，他们的错误依然不能得到全面改正。就此看来，除了训练好教师，让他们在学校了解并帮助孩子们外，暂时看不出有其他出路。

我本人大部分时间都是在从事这方面的工作。我相信，维也纳的很多学校在这方面遥遥领先。在其他地方，也会有精神病专家参与诊治儿童并提供指导建议，但如果教师不能与他们达成一致意见且不知道如何付诸行动，那又有什么意义呢？专家们每周虽然跟孩子们见一两次面——最多有过一天一次——却不能真正地了解来自环境、家庭、学校等地方的影响。他所做的仅仅是写一张字条，告诉人们说这个孩子营养不良需要改善，那个孩子有甲状腺问题。或许他也能够为老师提供一些意见，建议某个学生接受个别指导等。但老师们不知道这种处理的目的，也缺乏避免错误的经验。除非他对学生十分了解，否则毫无办法。研究精神病的专家与教师之间，需要建立起紧密的合作关系，教师必须懂得研究精神病的专家知道的一切，在探讨学生的问题后，才能开展自己的工作，而不是需要一步步指导。即使是发生意外，老师也能第一时间处理，跟研究精神病的专家在场一样。我认为最有效实用的办法，就是在维也纳设立专门的顾问委员会。这种方法我将会在本章最后加以描述。

孩子第一次跨入校园，他面临的是社会生活的新考验，这是一次会显现出他成长过程中所有问题的考验。他们现在必须在一个比以前更为广阔的空间中与人共处。因此，在进校的第一天，一个被宠坏的孩子的社会感的限制就能一目了然。他们也许会哭喊，要回家；也许对学校课程或老师不感兴趣；也许会自始至终想着自己的事，听不进老师的话。这样的孩子如果得不到改进，在学校就会很快落在别的学生的后面。常有家长告诉我们一些问题儿童在家很正常，可一到学校毛病就来了。我们认为，是孩子在家中感到了环境极其舒适，不必经历考验，成长中存在的错误也不会表现出来。可是在学校里，没人再宠着他们，于是他们会感到备受打击。

有个孩子从进校第一天起，就对学校毫无兴趣，并嘲笑老师说的每句话，大家都以为他脑子有问题。我告诉他："大家很好奇你为什么总是嘲笑学校。"他回答说："学校就是爸爸妈妈开的玩笑，他们送孩子来变成傻瓜。"在家中他经常受到嘲弄，因此他相信，任何一个新的环境，都是针对自己的一个新的诡计。我告诉他：他过度在意自己的尊严了，不是每一个人都想要愚弄他。结果，这个孩子开始对学校感兴趣起来，而且有了很好的进步。

发现学生的问题，纠正家长的错误，这是教师的职责。教师们会发现，有些儿童已经为接受更广阔的社会生活做好了准备，他们在家中就已经学会对其他人感兴趣。有些孩子则没有做好这方面的准备。一个人如果对某件事毫无准备，就会一时间不知道该干什么，甚至退缩。不是因为智力问题而落后的儿童，大多数问题出在对社会的适应上。在这里，教师是最适合帮助他们去适应新环境的人。

但教师该如何帮助呢？应该像母亲那样，和学生建立情感的联系，并对学生感兴趣，千万不能采用粗暴的手段去惩罚学生。要是一个孩子第一天进入学校，就发现很难跟老师以及其他学生沟通，最不值得提倡的帮助方式就是批评与责备。这样的做法只会让孩子讨厌学校。我得承认，如果我自己是一个在学校经常受到嘲讽责备的孩子，我也会对老师敬而远之，也会讨厌甚至逃避去学校，不受学校的束缚。那些难以管教的学生，大多数都是把学校看成让他难受的地方，而尽可能地逃避上学。

这些孩子并不愚蠢，看看他们编造不去上学的理由，还有模仿家长签字的能力，就知道他们其实有着很高的天赋。在校外，他们能找到志同道合的伙伴。在跟这些伙伴的交往中，他们能获得在学校没法得到的存在感。这样一来，能给予他们价值感、能让他们有兴趣的地方，就绝不会是学校，而是那个问题少年的团体。接下来，我们就能目睹一个不被学校、班级、同学接受的儿童，是怎样一步步走上犯罪道路的。

教师想要吸引学生的注意力，必须先了解这个学生先前的兴趣所在，并让他们相信：无论在哪种兴趣上，他们都能取得成功。当儿童的自信在某一点上建立起来后，就很容易让他们在别的地方也充满自信。因此，作为教师最开始要做的是，了解学生，了解他们的兴趣爱好，了解他们分别属于什么类型。然后，因人制宜，爱好运动的学生，教师从身体方面鼓励他们，爱好观察的属于视觉型的学生，教师则多从视觉方面开发他们的潜力，例如绘画或者地理。视觉型的学生，很可能不太会认真听讲，那是因为他们习惯了看。如果不去开发他们在视觉方面的特长，而是一味批评他们，甚至认为他们在智力上存在缺陷，就会导致他们变成问题儿童。教育的失败，老师跟家长都难辞其咎，原因是他们没有用心地去找到孩子们的兴趣与特征所在。我并不是说，要对这类儿童采取特殊教育，而是在强调利用他们的兴趣与特征，鼓励他们发展自己擅长的那些能力。现在已经有很多学校开始实施视听教学，把教材用可以靠感官同步接受的方式来教学生，例如把绘画与雕塑的课程合并到一起等等。这是一种值得鼓励和进一步去开发的方法。

教授一门课程最有效的方式，就是跟生活的各方面相结合，让学生看到所学内容的目的与实用价值。或许会有人这样问：直接把教材的内容教给学生，跟教会学生独立思考，两种方法哪一种更好？对此我的观点是，这个问题把这两种教育对立了起来，太过于刻板。两种方法是相辅相成的。例如，教学生建造房屋和数学联系起来，让学生计算需要多少材料、面积足以住下多少人等，就是很不错的办法。这些课程很容易跟实际结合起来，而且我们也可以请很多专家来把生活的某一部分跟其他部分联系到一起。老师可以带着学生出去散步，找出学生感兴趣的那些东西，同时还可以教授动植物的区分、构造，它们的进化史以及如何利用，包括气候、地理、人类的历史等等。当然，前提是教师对自己的学生感兴趣，否则我们就不能指望教师能教育好学生，更不可能指望教师用这样的方法来教学。

3. 学校中的合作与竞争

在现在的教育体制下，我们往往会发现，刚进入学校时，孩子们对竞争的准备要比合作充足，在他们新开始的学校生活中，对竞争的训练还会持续不断。对孩子们来说真不幸，这简直就是一个灾难。即使是一个孩子冲到最前面，战胜了所有对手，他的不幸一样不见得比落在后面失去信心的孩子少。无论是胜利者还是失败者，在竞争的心态下的人都会变得只对自己感兴趣。这样下去一个人的目标除了夺取战利品外，还会缺少奉献与给予。正如在家庭中全体成员要合作一致、平等且相互尊重一样，在学校、班级里也应该是这样。只有这样的教育，才会让孩子们对彼此产生兴趣，并能享受合作的乐趣。我这里举出一个儿童的经历来作为例证。这个孩子出生在一个他认为所有人都在跟自己为敌的家庭环境中。这个孩子认为学校里的每个人也会以他为敌，结果是他在学校的成绩很差。父母得知这个情况后，就在家严厉地处罚了他。这种情况经常发生，一旦孩子在学校得到一份很差的成绩单，被老师骂过后回到家里，又会受到一顿惩罚。这样的经历对于一个孩子来说一次就够受了，连续的惩罚简直让人觉得恐怖。这个孩子为此在学校就变得更加顽皮，成绩自然也就更差。最后，他遇到一位了解这类情况的老师，这位老师理解他的处境，向其他孩子解释他为什么认为大家都把他当作敌人，并且要求大家帮助他，让他相信大家都是他的朋友。后来这个男孩的行为发展有了出人意料的改善。

人们经常会怀疑自己是否能教会小孩去理解并帮助别人，但以我的经验来看，小孩往往比大人更能理解这些事。有位母亲有次把她的一个两岁的女儿和一个三岁的儿子带到我屋里。当母亲不注意时，小女孩爬到桌子上，把她妈妈给吓了一跳。母亲不敢动，只是大叫着："下来！下来！"小女孩根本不予理会。三岁大的儿子说："不许动！"这个女孩马上爬了下来。他比母亲更了解她，也更知道在这种情况下该怎么做。

现在经常有人提出在学校增加同学间的团结与合作，认为最好是能让学生们实行自治。对此我的看法是，这种实验必须是在老师的指导下小心地进行，并且要首先确定学生们具备了这种意识与能力。不然，我想结果就会是，学生们把这当作是游戏，无法严谨起来。还有就是学生们很可能比老师更苛刻、严厉；班上会出现拉帮结伙、争夺权力甚至攻击他人的现象。也就是说，在一开始，老师就要给出注意事项并且注意进行劝导。

4. 学生的智商与评估

　　如果我们想看清一个小孩当下的心智、性格和社会行为方面最新的发展情况，就不可避免地要进行某种测验。事实上，有时候这种测验也能拯救一个孩子。有这样一个例子，有个成绩不好的学生，老师希望他留级。但经过测试发现，事实上他应该升级。要知道，一个孩子的未来发展的极限是无法预测的。智商所能帮助到我们的仅仅是弄清楚一个孩子遇到的困难的原因，以便找到帮助他克服的办法。在我自己的经验里，当一个人并非真正智力存在问题，那么只要找到正确的方法，就能帮助他的智商发生改变。我发现只要让孩子多接触智力测验，一旦熟悉了，他们会发现其中的奥妙，在获得了一定的测试经验后，这个孩子的智商会有很大改进。由此可见，智商不应该成为由先天遗传决定的孩子未来发展的限制，教师也不应该让孩子的父母知道孩子的智商测试情况。他们不知道测验的意图，也许会认为这代表着最终判决。引起教育中最大困难的，不是孩子天生具有的限制，而是他认为自己有各种限制。如果一个儿童知道自己智商很低，他可能会失去希望，认为自己不可能成功。教育就应该努力增强儿童的信心与勇气，帮助他们突破由于他自己对生活的解释而为自己制定的各种限制。

对于学校的成绩单也应该同样对待。老师给予一个学生不好的成绩评语，那是因为老师希望以此督促学生改进。问题是，如果一个学生的家长对他要求过于严厉，就可能使得学生不让父母看到这份成绩单。在某些极端的情况下，某些孩子甚至会采取自杀的方式来逃避受惩罚。我想老师应该考虑到其中可能存在的不良后果，虽然不需要为学生的家庭行为负责，但也需要考虑到可能带来的影响。过差的成绩单带回家去，学生很可能遭到严厉的父母的责罚；而假如老师考虑到这些因素，给予学生稍微宽松点的评语，学生很可能受到激励，更加自信。一个孩子的学习成绩如果总是无法提高，别的同学也认为他是班级里的差生，那么这个学生也会这样看待自己，会自暴自弃并放弃努力。但实际上最差的学生也会想要进步。这一点可以在历史上的很多著名人物中找到证据。那些在学校落在后面的孩子，只要能恢复对自信的信心与勇气，就可能获得伟大的成就。

很有趣的是，学生之间不需要借助成绩单，也能了解彼此的真正能力。他们知道班上数学、拼写、绘画谁最好，谁最会玩游戏，也知道每个人在班里的强弱顺序。然而，他们共同的错误就是认为自己不能做得更好了。他们看到了前面的人，以为自己不可能赶上。如果一个小孩非常固执于这种看法，他就会将这种看法转移到自己的生活中去，一直影响到他成年后。他会计算自己与别人的社会地位的差异，以为自己所处的位置就是理所当然的。大部分儿童在班级中不同的学期里，总是大致保持基本相同的名次，第一、中间或者最后。那是一种孩子们自己为自己确定的限制，他们的活动在这个范围里。大家都知道，处在后面的学生通过努力也能改变自己的位置。因此，我们应该让儿童知道这种限制是错误的，老师和学生都应该丢弃"正常儿童的进步与天赋能力有关"的迷信。

在教育的所有错误中，最严重的是相信遗传对于发展的限制。这使老师和家长有了可乘之机来为自己的错误开脱。这样一来，他们就可以理直气壮地放弃，不必为他们对儿童的影响负任何责任。任何避免责任的企图都应遭到反对。如果一个教育工作者真的要把性格和智力的发展全都推给遗传，我不认为他适合从事这个行业。相反，如果他看到自己的态度和努力能影响孩子，他就不能拿遗传来作为逃避责任的借口。

在此，我所指的并非生理遗传。生理缺陷的遗传是毋庸置疑的。我相信，只有个体心理学才真正了解生理缺陷的遗传对心灵的影响。孩子会在内心体验并感觉到自己身体器官存在的局限，他会根据自己得出的判断，来为自己设定一定的限度。要是一个儿童遭受了生理缺陷的危害，他就特别需要知道：他并不应该因此认为自己在智力和性格上也会有同样的局限。前面我们已经说过，同样的身体缺陷，可能被当作做出更大努力的激励，也可能被当作是阻碍发展的理由。

当我刚发表这个结论时，受到了很多人的批评，说我违背了科学，说这是与事实不符的个人的看法与观点。然而，我的结论来自我的实践经验，是从那里面提炼出来的。随着时间的推移，有力的证据越来越多。现在，已经有越来越多的精神病学专家和心理学家也通过不同的途径，得出了与我相同的结论，认为性格中存在着遗传因素仅仅是一种迷信。但这种迷信已经存在了几千年。当人们想要逃避责任，并对人类行为采取宿命论的观点，性格特征来自遗传的理论就会很自然地冒出来。代表这种迷信的最著名的说法就是"人之初，性本善"或者"性本恶"。这种说法很显然是站不住脚的，仅仅是那些想逃避责任、欲望很强的人才会坚持认为它是正确的。正如性格的其他表现一样，"善"与"恶"只有在社会环境下才有意义，它们是在社会环境下与他者互动的结果，它蕴含着这样一个判断——"考虑他人的利益"还是"有损他人的利益"。孩子出生前，对于他的这样一种因素并不存在。出生后，他所具备的先天获得性潜能使得他可以朝着任何一个方向发展。他的选择会依赖于他从环境和自身所得到的印象与感觉，以及那之后他的判断对这些印象与感觉的解释。另外，它依赖于所受的教育。

心理功能的遗传因素也是如此，尽管正面证据也许还不是很充足。心理发展中最重要的因素是"兴趣"，对此我们已经讨论过了。对兴趣造成阻碍的并非遗传因素，而是失去信心和害怕失败。毫无疑问，大脑的结构是遗传所得，但大脑仅仅是心灵的工具，而不是其来源。只要大脑的缺陷或者损伤不至于严重到以我们现有的知识无法克服的程度，就可以通过训练来弥补某些缺陷。在不同凡响的能力后面，我们发现的不是非同一般的遗传因素，而是坚持不懈的努力和持之以恒的训练。

即使有些家族一连好几代人都出现了天赋异禀的天才人物，我们也不认为这是遗传的结果。对此，我们宁可认为，是家族中某一成员的成功激励了其他人，家族传统也提供了一个耳濡目染的环境，让后人有志于继承前辈所好。我们知道伟大的化学家李比希（Liebig）的父亲是位药店老板后，我们无须断定他在化学方面的才能来自遗传。我们需要知道的是，他所在的环境给予了他发挥和发展自己兴趣的可能性。要知道在其他的孩子对化学还一无所知的年龄，他已经对化学有了足够多的了解，并开始有了兴趣。这就够了。莫扎特的父母喜欢音乐，但莫扎特在音乐上的天赋并非来自遗传。其父母希望他喜欢音乐，并鼓励他往音乐方面发展。从他幼年开始，他就生活在一个充满音乐的环境下。这种"早期开始"我们在很多杰出人物身上都能发现：他们有些在四岁就开始了钢琴弹奏，有的很小就开始跟家人讲故事。这样的兴趣是持久的。他们受到的训练是自然而广泛的，并且他们勇气十足，从不气馁。

如果老师自己相信人的发展是有先天的限制的，那他就不可能帮助儿童解除他们加于自身的限定。如果他这样对孩子说——"你没有学数学的天分"——他自己是会更加轻松，但这只会使孩子泄气。我有过类似的体会。读书时期，好几年我都是班里的数学低能儿，我自己也相信了自己没有学数学的天分。幸运的是，有一天我出乎意料地发现自己解出了一道难倒了老师的题！正是这次经历成功改变了我对数学的态度。以前我对这门功课完全没有兴趣，后来我开始喜欢数学，不放过任何机会来提高自己的能力。这样，我成了全校数学最好的学生之一。我想这次的经历也帮助我认识到了，特殊才能与先天天赋理论的错误。

即使是在那些学生人数很多的班里，我们也可以通过观察看出孩子们的差异。了解他们各自的性格，比完全不了解，更能掌握他们。但一个班人数过多总归不是一件好事。学生人数过多，有些孩子的问题就会容易被忽视，想要面面俱到非常困难。一般来说，老师需要熟悉自己所有的学生，否则就无法培养学生的兴趣与合作。要是在几个学年里，学生能一直跟随一位老师，我认为这会对学生更有帮助。在有些学校，教师更换过于频繁，甚至六个月就换一次，老师根本没机会了解学生，学生自然也不可能了解老师。一位老师如果能跟一群学生在一起三到四年，他就能发现某个学生生活方式方面的问题，并能及时加以修正，同时，也更容易把一个班级打造成一个合作单位。

另外，让学生跳级升班的弊多于利。因为这很可能让一个学生承担过大的压力。如果是因为一个学生年龄比同班同学大，要不就是他的身体发育更快，这样的情况或许可以考虑升级。但如果一个班级像我们希望的那样团结，其中任何一位学生的成功都会是有利于全班的。一个班只要有一位成绩斐然的学生，对整个班的促进都是很大的。我认为去掉这种促进因素并不是很明智的选择。此外，我认为可以在正常的课程之外，让突出的学生更多地参与其他活动，培养他广泛的兴趣，比如绘画之类的。在这类活动中的成功，也能鼓励其他学生参与的兴趣，给他们带来更大的进步。

至于儿童遭到了留级，这对儿童的打击会很大。一般而言，留级后，学生无论是在家中，还是在学校，都会有问题。不是说所有留级后的学生都是如此，也有不少留级生并不会出现什么问题。但绝大多数留级生会跟留级前一样，在新的班级里依旧是差生，甚至经常惹麻烦。这类学生也得不到同学们的认可，他们也对自己感到失望。但我们又不能轻易废除留级制度，这是目前学校教育上一个很大的难题。有些教师利用假期来帮助那些落后的学生，尽可能地让他们有所改进而不需要留级。在认识到自己存在的问题后，这些学生在下一学期就能顺利赶上。事实上这是帮助落后学生的最好办法，让他看清认知上的错误，就能放心地让他们自己努力跟上。

在我开始注意观察那种根据学生的成绩分班的制度时，我注意到了一个特殊的现象。对此我所获得的经验主要来自欧洲，至于美国是否存在同样的现象，我不了解。在那些差班，我看到更多的是出身贫寒、心智发展较差的儿童在一起；而在优秀的班级里，则大多数是来自富裕家庭的儿童。这是一种非常不合理的现象。来自贫穷家庭的儿童本身就缺乏接受教育的充分准备，他们的父母面临着更多的困难。他们无法用更多的时间来关心孩子的教育，甚至他们的教育根本不足以帮助自己的孩子。但我不认为因此就该把准备不足的儿童归纳到一个班里去。好的教师通常知道如何来帮助这些准备不足的儿童，而让他们跟准备更充分的儿童在一起，会给他们带来更多的帮助。但把他们编入落后的班级，等于是在告诉他们"你们很差"这样一个事实。而那些优良班级的儿童也会对他们产生歧视心理。这样的结果就是人为地制造丧失追求个人优越感的勇气的环境。

原则上男女同校是值得支持的。它能让男女儿童彼此间相互了解，并能学会与异性互动合作。可是如果认为这样就能解决所有问题，那就太过于乐观了。男女同校本身也存在它的特殊问题，如果不认清这种问题的存在，并用心去解决，两性之间的隔膜反倒会因此被增大。有一点很典型，例如在生理上，在 16 岁前女孩子的发育都要比男孩子快。男孩子如果不能了解这点，就会导致男孩子的自尊经常会受到伤害。当他们看着被女孩子超过，很可能会对自己失去信心。这在将来的生活中，会影响到他对自己能力的看法，很有可能会不自觉地去回避与异性的竞争。只有那些赞同男女同校，同时又了解存在问题的教师，才能利用男女同校的优势做很多有益的事；但教师如果不赞同，对此不感兴趣，就会导致失败。还有一个困难，那就是当出现教育的不足与偏差时，会出现一些性方面的问题。而在学校，性教育是一个很复杂的问题。教室并不是一个很合适的性教育场所，当一个老师面对全班学生讲述有关性的问题时，他不能肯定所有学生都能准确无误地听懂，甚至有可能唤醒学生的性意识，却没有帮助学生去正确认知或是正确地把它纳入自己的生活方式中。当然，当学生希望得到更多的了解，在私下询问老师时，老师就应该坦率地回答。这样才能真正了解学生想要知道的是什么，并能把他们导向正确的方向。在班级上经常公开谈论性的问题，是有害无益的。这一定会被某些学生误解，但把性看得无关紧要，也是一种无益的态度。

5. 性格的不同类型

　　任何人只要接受过了解儿童的训练，就很容易区分不同的生活方式与类型。通过儿童的形体语言能看出他的合作程度，比如姿势、听和看的方式、与其他小孩间的距离、交朋友的难易程度以及专注能力等。如从他总是忘了做功课或经常丢了课本，就可以推测他对功课不感兴趣。我们必须找出他厌学的原因。如果他不加入其他小孩的游戏，我们可看出他的孤独感和对自己的兴趣程度。如果他老是要别人帮他做事，我们可以看到他缺乏独立精神，以及希望得到别人支持的欲望。

　　有些小孩只有在得到赞赏和嘉奖后才肯做事。许多被过度溺爱的儿童，只有得到老师的额外关注，才会在学习上努力，表现得优秀，否则就会成为麻烦制造者。得不到关注，这些儿童就会失去兴趣。比如对一些儿童来说，数学往往会有点难。当只要求他们背下公式和法则时，他们毫无困难；但要他们去解题时，就会变得一筹莫展。这看起来好像是一个小的瑕疵，但正是这类总是在要求他人关注与支持他的孩子，会给共同的生活带来危险。在成年以后，他们会把对他人的索取当作是理所当然。在面对问题时，他们会强迫他人为自己去解决。这样的人对人类共同的利益会毫无贡献，反倒会成为他人以及社会的负担。

还有一种不同类型的儿童。他们决心成为人们关注的中心，一旦不能遂愿，就会开始恶作剧，开始扰乱秩序，制造麻烦，并带坏其他儿童来引起人们的注意。对这类儿童，责罚是不起作用的，甚至责罚正是他想要的结果。对他们而言，除了不受关注，什么都不会成为难题。他们认为自己行为带来的痛苦，是得到的欢乐应该付出的代价。在很多儿童心里，责罚不过是他们能否持续自己的生活方式的考验。他们会把这看作是一场比赛或者游戏，他们要看的是谁能坚持下去。结果，他总是赢，就以为主动权在他手里。所以有些喜欢与老师和家长作对的孩子，在受到责罚时，反倒会开心地笑起来。

一个懒惰的孩子，除非他是用懒惰直接攻击父母和老师，否则他往往是个有很大野心但害怕失败的小孩。对"成功"这个概念的理解，每个人都有不同，发现孩子把什么视为失败时，会让人大吃一惊。有些人如果不能超过所有别的人，就会觉得自己失败了。即使他们很成功，但只要有人做得更好，他们就会难以释怀、坐立不安。而懒惰的孩子从来不会品尝到失败，因为他从来没有面对过真正的考验。他们避开问题，不会轻易去跟人竞争。在他人看来，如果他不是这样懒惰，他肯定能克服自己的困难。他自己也一样在这种想法里找到了避难所。他会想：只要我愿意做，就没有什么是我干不了的。而且当他遭遇失败时，他也会这样想，并用自己没有去努力来维护自尊。他会这样为自己辩护："我不过是懒，并不是无能。"

有时老师会对懒惰的学生说："你努力一点的话，就能成为全班最好的。"如果他什么都不做就能获得这样的名声，那他为什么还要去努力，冒着失去被他人看重的危险呢？也许如果他不再懒惰了，人们便不再认为他才华未显了。人们会用实际成就来评判他，而不是用可能的成就。懒孩子的另一大优势是：他一旦做了一点事，就会受到表扬。人人都以为他是要改变自己了，就会急不可耐地鼓励他。但同样一项工作，如果是勤奋的孩子做，就不会有人在意。懒惰的孩子就是依靠这种方式，生活在别人的期待中。这样的孩子也是受到过度溺爱的孩子，他们从婴儿时期开始，就学会了任何事都可以期待别人来替自己完成。

还有一类很普遍、很容易辨别的孩子。他们喜欢在同伴中成为领头人。人类确实需要领袖，但需要的是能为大众谋福利的领袖。这样的领袖比较罕见。大多数儿童要做带头人，只是对他们能够控制、操纵别人的这种处境感兴趣。也只有在这种情况下，他们才会与同伴玩成一片。因此，这类儿童的前景并不一定就会一帆风顺。在以后的生活中，他们会遇到各种困难。两个这样的人在婚姻、事业或社交场合中相遇，经常会不欢而散，要不就会闹出笑话。因为这种类型的人总是在寻求在对方身上建立优势与权威的机会。有时在一个家里，长辈会以自己宠坏的小孩对他人颐指气使为乐，他们的态度间接地在鼓励这类孩子继续下去。而在学校，教师很快就会发现：这不利于孩子发展出有利于社会的性格来。

　　每个孩子都不一样，我们无意去要求他们被塑造成千篇一律的类型。我们想做的只是防止那些显然会导致挫败和困难的发展，而这样的发展在童年时期相对而言要易于纠正。如果未得以纠正，对成年后的生活不仅会造成困难，而且还会带来危害。童年时期的错误与成人期的失败是紧密相关的。没有学会合作的儿童，以后会成为精神问题患者、酗酒者、罪犯或自杀者。焦虑型儿童害怕黑暗、陌生人或新环境；忧郁症儿童多半喜欢哭。在现代社会中，我们不可能期望接近每一位父母，来帮助他们避免犯错。那些最需要给予忠告的往往是最不愿意接受忠告的父母。但我们能接近所有老师，可以通过他们来接近学生，帮助他们纠正自己的错误，并训练他们过一种独立自主、合作而充满勇气的生活。在我看来，人类未来幸福的最可靠的保证就在于此。

　　为了这个目标，大约在 15 年前，我就开始了在个体心理学中倡导成立顾问会议。现在在维也纳以及欧洲很多大城市里，它都被证明是有意义的。拥有远大理想与希望当然是好事，但如果不能找到正确的方式，那就很容易陷入空谈。15 年的实践让我已经可以这样说：顾问会议取得了成功，它是处理儿童问题并帮助儿童成为健全的人的最好的工具。我想，要是顾问会议能以个体心理学为基础，所取得的成功会更显著。但我觉得没有理由不跟其他学派的专家合作。事实上我历来主张各个学派间的互动合作，应该由大家一起来建立顾问会议，通过实践来找出最有效的方法。

在顾问会议中，应该由一名训练有素，对教师、父母和儿童的问题有着丰富经验的心理学家以及学校的老师们一起来讨论在教育工作中遇到的问题。当这位心理学家到学校时，老师们要向他讲述具体儿童的个案以及一些特殊的情况。这个孩子也许是懒惰，也许是喜欢争辩，爱逃学、偷窃或是功课跟不上。心理学家要从专业方面做出贡献，跟老师一起展开讨论。孩子的家庭生活，他的性格还有发展现状都需要拿来探讨，此外环境因素也需要特别注意。然后，老师和专家一起找出原因，研究出解决的办法。由于无论是教师还是心理学家，都具备丰富的经验和专业知识，因此就能很快地得出一致的结论。

心理学家到校时，孩子的父母也应该到校。当他们决定如何与孩子的母亲对话，怎样使得这位母亲能接受帮助，并让她知道自己的孩子出现问题的原因后，把母亲请进去交谈。母亲会透露很多细节，跟心理学家讨论，再由心理学家给出建议，该采取哪些措施来帮助孩子。一般情况下，做母亲的都很愿意有这样的机会，并愿意合作。要是她们的态度不够坚决，心理学家和老师就应该用事实说话，从而引申出她可以运用到自己孩子身上的结论与方法。

接下来是把孩子叫进去，让他跟心理学家交谈，要注意所谈的不是他的错误，而是当下的问题。他是想要找到那些妨碍孩子发展的因素，还有那些孩子不注意但他人很在意的信念之类的问题。不责备孩子，只是交流，给孩子一种观点。需要提到孩子的某些错误时，他可以采取假设的方法，以此来征求孩子的意见。没有经验的人在发现孩子很快就能理解并改变自己的态度后，会非常吃惊。

有些接受过我的训练的老师，对这项工作非常感兴趣，一直都坚持采取这种方法。这种方法使得他们的教学工作变得更为有趣，也让他们得到了更多成功的机会。没人认为这是一种额外的负担，因为往往只需要半个小时，就能解决很多过去花很长时间都无法解决的问题。学生的合作精神得到了显著提高，一段时间后，再也看不到严重问题的发生，剩下的是一些小的不足，需要不断改进。事实上这样一来，老师自己成了心理学家，他们学会了要从整体上去了解学生，要看到的是行为的一贯性。如果日常教育出现了什么问题，他们也能靠自己的力量解决。这也是我们所希望看到的结果。如果每个老师都有着良好的心理学素养与训练，那么也就没必要需要专业的心理学家的帮助了！

比如，遇到一位懒惰的学生时，老师该做的是组织一次关于懒惰的讨论，可以把这样的标题作为讨论的主题——"懒惰是怎样来的""懒惰的目的是什么""懒惰的人能改变吗""他为什么一定要改变"等等。在学生参加讨论后，就能对懒惰有一个全面的了解，并得出结论。而那个懒惰的孩子很可能并不知道自己就是这次讨论的对象，但这的确是属于他自己、他一定会感兴趣的问题，他会从中学到很多。但要注意的是，一旦这个孩子受到攻击，他就会拒绝，从而一无所获。他要是愿意平心静气地听，那他就会考虑并对自己加以改进。

没有谁能像老师一样对自己的学生那样了解。他能看到学生的更多层面，如果他有很好的技巧，他还能跟学生建立起很深的交情。孩子在家庭生活中造成的错误是持续下去，还是能得到纠正，主动权完全在他手上。教师像母亲一样，是人类未来的保证，其贡献难以估量。

第八章　青春期

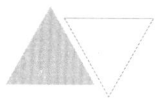

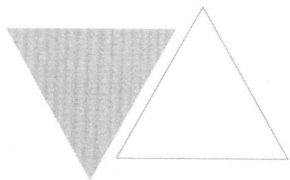

对孩子们来说，青春期最重要的一件事是——他们必须证明自己不再是小孩。我们也许可以尽量让他们明白，这是理所当然的。

1. 青春期心理及生理特征

有关青春期的书籍汗牛充栋，几乎在每本书中都将其看作是可能导致一个人整体性格形成的最危险的关键时期。青春期的确存在许多危险，但它并不能真正改变一个人的性格。青春期让成长中的孩子面对新环境和新挑战，令他们感觉自己到了生活的前沿。他以前生活方式中一些一直没有显现出来的错误开始显现。当这些错误显现时，那些生活经验非常丰富的人总是能迅速地洞察到。这些问题一旦出现，就不容忽视。

对孩子们来说，青春期最重要的一件事是——他们必须证明自己不再是小孩。我们也许可以尽量让他们明白，这是理所当然的。如果能做到这点，那么这种情境造成的紧张就会消除很多。但他如果想要证明这点，就会过于强调自己的立场。青春期行为中很多都是来自强烈的自我表现欲——对独立性的渴求，对与成年人的平等地位的追求，还有对男人气概或者女性气质的追求等等。这些表现欲所指向的方向，决定了儿童对"成长"的自我定义。假如这种定义是不受约束的，孩子就会对各种限制加以破坏。正是在这个阶段，有些孩子开始学会抽烟、喝酒、满口脏话，还有深夜不归等等。有些孩子会强烈反抗他们的父母，使得他们的父母不知道为什么孩子会突然变得如此桀骜不驯。那些听话顺从的孩子也许一直都对父母心存反感，但只有到这时，才敢于表达出来，因为这个阶段他感受到了自己的力量与自由。有一个经常遭到父亲打骂的男孩，表面看起来很安静顺从。但他只是在等待时机。在他觉得自己有了足够的力量后，他就开始对父亲发起挑战，殴打父亲，然后离家出走。

孩子成长到了青春期，往往都会被给予更多的自由和独立，父母觉得不再有权时刻监督他们。如果还有父母想要继续像以前一样监管，孩子就会尽力地摆脱控制。父母越是想证明他们还是小孩，孩子就会越激烈地进行反抗以证明恰恰相反。这样的争斗会滋长出敌对情绪，于是我们面对的就会是典型的"青春期叛逆"的场景。

青春期的起止时间很难严格划定。它通常从 14 岁至 20 岁，但有些孩子在十一二岁时就已经进入青春期。这一时期，身体的发育明显加快，有时候会出现身体器官功能失调的现象。最典型的就是身高的增加，手脚一下子变得大很多，但灵活性一时还无法跟上。他们需要训练去提高协调性，但在这一过程中，如果遭到嘲笑和挑剔，就会觉得自己天生笨手笨脚。一旦我们嘲笑孩子的动作，就可能会让他们真的笨拙起来。内分泌腺对孩子的作用到青春期变得更为显著。这并不是一种全新的变化——内分泌腺在婴孩期就已经发挥作用，但到了青春期它们的分泌量更大，第二性征也更加明显。男孩开始长胡子，声音变得粗哑；女孩的身形逐渐丰满起来，具有更鲜明的女性特征，这些现象也可能引发青少年的困惑。

2. 青春期困惑

　　对成年生活准备不足的孩子在面对职业、友谊、爱情和婚姻时会惊慌失措。他们对以后是否能应付这一切没有任何信心。在群体中，他们羞涩内敛，更喜欢待在家中，一人独处。在工作上，他们对任何事都不感兴趣，觉得自己会把什么事都搞砸。爱情和婚姻上，他们与异性相处时表现窘迫，害怕见异性。如果有异性跟他们说话，他们就会面红耳赤，不知该怎么回答。一天又一天，如此下去，他们陷入了越来越深的绝望。最后，他会对生活感到厌烦，也没有人能够理解他。他会不关心他人，不与他们说话，也不听他们说；他不工作，也不学习，陷入终日的幻想中，会进行一些最简单的性活动，这种现象被称为"早发性痴呆"（dementia praecox）精神失常。但这种病症只是一种心理错误。要是能得到鼓励，帮助他认识到这样是不正确的，并指出正确的行为，他就能很快痊愈。不过这并非是一项简单的工作，原因是他以前获得的有关生活的经验与知识必须要被纠正。关于过去、现在与未来的认知需要换成科学的严谨重新检讨，不能再只靠个人的想象与猜测。

　　青春期的所有危机都源自对人生三大任务的准备不足。如果孩子对未来感到担忧和悲观，自然想要寻求最不费力的办法去应对。但这些捷径根本没有用。这样的孩子越是被命令、被劝诫、被批评，就越是觉得如临深渊。我们越是推动他们，他们就越想后退。如果不能给他们以鼓励，所有试图帮助他们的努力都会成为错误，并更进一步地摧毁他们。因为这个阶段的他是如此悲观与害怕，根本无法靠自己一个人来走出困境。

有一些孩子在这段时期不愿长大，宁愿留在童年时期里。他们有些甚至用儿语说话，跟比自己小很多的孩子一起玩，让自己的行为像一个婴儿似的。还有一些尽管并没有勇气，却要装出一副成年人的样子——模仿成人的体型姿态，花起钱来一定要显得豪爽，经常会调戏异性甚至做爱。在一些比较麻烦的案例中，一些孩子根本没做好应付生活的准备，就开始胡作非为，最终走上犯罪的道路。尤其是在少年阶段，最容易出现这样的现象。每次犯下一些错误，一旦不被发现就会认为自己不可战胜，于是就会变本加厉。犯罪是从生活问题面前逃走的最简单容易的办法，特别是面对经济问题时。因此，在 14 岁至 20 岁这个年龄段，少年犯罪的可能性会大幅度增加。在此，我们面对的不是一种新的社会趋势，而是压力下儿童时期就已存在的问题被激发了出来。

对于不那么活跃的内向的孩子，逃避的捷径则是神经质，许多孩子正是在青春期开始患上官能失调和神经性疾病。每一种神经质的症状，都是在保有个人优越感的同时，拒绝解决某种人生问题的借口。当个体面对社会问题，却没做好准备用符合社会要求的方式去应对时，神经质症状就会出现。困难让人压力重重，青春期的生理体质对这些压力的反应特别敏感，所有器官都可能被刺激，并影响到整个神经系统。这也为犹疑不决和失败提供了另一种借口。在这类案例中，不管是在私下里还是他人面前，他都会因为身心的难受，而认为这是自己无法承担也无须承担的责任。这样的结果就导致了精神问题的出现。每一个这样的精神问题患者都会表现出诚挚的意愿，他们都了解社会的感受和应对生活需要的是什么，只是他觉得自己在生病，所以就应该回避这种社会普遍的要求。在这种情形下，能让他感觉到轻松的是精神问题而不是别的。他的态度就像是在说："我也着急想要解决我的问题，但我正在生病。"这是他跟罪犯不同的地方。罪犯往往会无所顾忌地表达出自己的犯罪愿望，对社会也麻木不仁。只是，我们很难判断这两者谁会给社会带来更大的危害。产生这类精神问题的动机往往是善良的，但如果不考虑到动机，单就他的行为本身来看，是十分让人讨厌，是非常自私并有意要对他人造成危害的。罪犯尽管对自己的敌意不加掩饰，却需要勇气和坚韧来压抑自己剩余的人性部分。

许多在青春期失败的人，在他们幼年时期都是被过度溺爱的孩子，由此可见，对于那些习惯由父母来为他们做好一切的孩子来说，成年的责任会是一种难以承受的负担。他们仍然想要被宠着，但突然发现自己不再是世界的中心；他们原本在温室里长大，猛然间需要自己去面对外部世界时，会发现那里很冷。于是，他们觉得生活欺骗了自己，导致了他们的失败。这时候，我们会发现这样的孩子是在开进步的倒车。他们大多数不会再读书，工作上也不会获得成功，那些过去表现得不如他们优秀的孩子，会很快超过他们并表现出更强的能力。这跟他们的过去并不冲突。也许是那些一直都受到人们的嘉许与看重的孩子，背负了过多的期望，他们害怕辜负了他人，如果他们能继续获得这样的嘉许与赞赏，他们也有可能会鼓起勇气朝前走。但社会现实与环境使得这些不可能再现，他们只能依靠自己去奋斗，这样一来，他们中的大部分人都会退缩。而其他孩子则受到了新的激励，看到了前途充满了希望，于是他们自己的心里也有了对未来的各种计划。看清了前途，有了对未来的计划，这些人的创造性生活就像是拉满弦的弓、出鞘的剑，对人类社会各种活动也开始有了明确的热情和兴趣。只有这类孩子才会坚毅勇敢地开始新的生活，对于他们，独立并不意味着困难与冒着失败的危险，而是机会与成功的无限可能。

那些早年一直感觉受人轻视的儿童，现在可能因为与同伴间的接触增多了，开始希望得到他人的赞赏。他们中的许多人对赞扬的需求如饥似渴。男孩如果只是希望得到他人的夸奖，是很危险的；不过有很多女孩因为缺乏自信，只有在别人的赞扬和欣赏中才能找到自己的价值。这些女孩很容易成为那些花言巧语的男人的猎物。我经常发现：一些女孩因为觉得自己在家得不到赞赏，就开始与人发生性关系。她们这样做，不仅是为了证明自己已经长大，更是因为她们希望由此来得到他人的赞赏与注意。

举例来说，有个出生于贫困家庭的 15 岁女孩，有个从小就体弱多病的哥哥。母亲不得不将大部分精力放在哥哥身上，甚至在她出生时也没法给她更多的关爱。而且在她幼年时，父亲也在生病，更进一步占据了母亲所能给予她的时间。

　　女孩因此很小就明白被关爱意味着什么，她一直渴望能得到关爱，却无法在家中获得。后来，妹妹又出生了，此时父亲虽已康复，母亲却要把精力跟时间用在刚出生的妹妹身上。于是，这个女孩觉得自己是家中唯一没有得到过关爱和亲情的人。她在家里是好孩子，在校也是好学生。她的父母因此决定让她继续上学，把她送到一所教师们对她一无所知的高中。一开始，她无法适应新学校的教学方式，成绩一落千丈。老师批评了她，她越来越灰心。她太急于得到赏识了，当发现自己不管在家中还是在学校都无人欣赏时，还能怎么办？

　　她想要找到一个能欣赏自己的人。在几次尝试后，她决定离家出走，跟一个男人在一起生活了14天。家人非常担忧，四处去找她。结果不出我们所料，她很快发现仍然得不到真正的欣赏，于是开始后悔私奔。接下来她尝试自杀。女孩给家里留了张字条："别担心，我已经服了毒药。我很幸福。"实际上她并未服毒。她这样做的原因不难理解，尽管她的父母很爱她，但她觉得自己这样做能够博得父母的同情。她没有自杀，而是在等着母亲来把自己带回家。如果这个女孩也像我们一样，知道她的所有尝试都是为了得到欣赏，这些问题也许就不会发生；如果高中的老师了解她，也会避免这些问题发生。女孩过去的成绩一直非常出色，如果老师注意到她对赞扬的敏感以及对关爱的需求，她也不至于灰心丧气。

　　在另一案例中，一个女孩出生在父母性格都很软弱的家庭。

母亲一直想要个儿子，对女孩的出生表现出了失望。她低估了女性角色的重要性，女儿也肯定深受影响。女儿不止一次偷听到母亲跟父亲说"这女孩长得一点也不讨人喜欢，长大了没人会喜欢她"或是"等她长大后，我们该拿她怎么办"之类的话。在如此不好的氛围中生活了差不多十年后，她发现了母亲朋友的一封来信，信里对她母亲只有一个女儿表示同情，并安慰说她还年轻，还有机会再生个儿子。

不难想象这个女孩的感受。几个月后，她去乡下探望叔叔，在那结识了一个智力低下的农村男孩，成了他的情人。后来男孩离开了她，可她对这个男孩一往情深。在我见到她时，她已经有了一长串情人，却没有一个能让她满意。她来找我咨询焦虑症，现在她连独自出门都不敢。采用一种方式得不到赏识，她就尝试另一种。她用自己的病痛和遭遇压迫家人，没有她的允许谁都不能做任何事，并且还哭泣着以自杀相威胁。让这个女孩认清自己的处境是项艰难的工作，很难让她认识到，在青春期时，她把摆脱受人轻视的感觉这件事看得过于重要了。

3. 青春期的性困惑

在青春期，男孩和女孩都有过度重视性问题的倾向，并加以渲染。他们渴望被证明自己已经长大，结果却过度了。可以想象，如果一个女孩反抗母亲，老是觉得自己受到了压制，要是因此开始反抗的话，她很可能跟任意遇到的某个男性发生性关系，把这作为一种对抗的手段。她并不在意母亲发现与否，事实上，如果能让母亲焦虑不安，那她就再高兴不过了。因此，当一个女孩与父母吵架后跑到街上去，跟她遇到的第一个男性发生性关系，就不足为奇了。很多这样的女孩之前都是很好的女孩，都有很好的教养，任何人都不会想到她会做出这样的事。我们需要了解的是：这些女孩并非罪恶深重。她们只是错误地以为这是一种反抗的合适手段，她们认为自己是被人看轻的，而这样做能让她们得到优越感。

许多娇生惯养的女孩会发现自己难以适应女性角色。我们的文化仍然根深蒂固地认为男性高于女性，于是这些女孩讨厌成为女人。她们身上体现出的就是我所谓的"男性钦羡"（masculine protest）。男性钦羡的表现多种多样，有时表现为对男性的厌恶和回避。有些女性虽然喜欢男性，但羞于与他们相处和交谈，也不愿参加有男人在场的聚会，对与性相关的话题觉得尴尬。随着年龄的增长，她们虽然经常号称自己盼望结婚，却根本不去接触异性。很多时候，我们会发现在青春期时，她们对女性角色的厌恶有时会表现得非常激烈。她们的行为举止比从前更显男孩子气。她们想要模仿男孩，并且发现最容易模仿男孩的就是在那些不好的行为举止上，比如抽烟、喝酒、满口脏话、加入帮派或是放纵情欲。

对上述行为的解释，这些女孩经常会这样说，如果不那样，男孩们就不会对她感兴趣。对女性角色的厌恶进一步发展下去，我们就会看到同性恋、卖淫以及别的性倒错的行为。每一个卖淫者从孩提时就坚信没人喜欢自己。她们相信自己生来就扮演着低人一等的角色，永远也不可能得到男人的真感情。不难理解，在这样的环境中，她们是多么容易就选择自暴自弃，贬低自己的性别角色，认为那仅仅是一种赚取钱财的工具。这种对女性角色的厌恶并非在青春期才出现，我们发现，这类女孩从她们的儿童时期就开始讨厌自己的女孩身份。只是在那个时期她们还没有表现出这种厌恶的机会与方式。

并不是只有女孩才会有"男性钦羡"。所有把男性身份看得过重的男孩子都会过度理想化男性角色，并怀疑自己是否能成为真正的男子汉。我们的文化对男性过度的强调也一样使得很多男孩产生与女孩同样的困惑，这在那些对自己的性别角色不是很肯定的男孩身上，表现得更突出。许多孩子到了相当大的年龄了，还会怀疑自己的性别。因此，应该从两岁起就要让男孩清楚自己的性别。那些长得像女孩子的男孩通常会有一段特别艰难的时期。陌生人时常会搞错他们的性别，甚至连家里的朋友都会对他们说："你真的应该是个女孩！"这些孩子很可能将自己的长相视为缺陷，将爱情与婚姻问题看作严峻的挑战。那些对扮演自己的性别角色缺乏信心的男孩，在青春期很可能就会开始模仿女性，变得女性化，甚至行为模式也开始朝着女性化发展，最终养成更多属于女性的行为举止和生活习惯。

对异性的态度的形成也是在四五岁时打下基础的。性驱动力在婴儿期的最初几周就已经表现得相当明显，但在这种驱动力有恰当的表现前，无法找到激发它的手段。如果没有受到外部的额外刺激，那么它的出现就该是自然而然的，用不着大惊小怪。看到一些一岁左右的婴儿出现某些身体区域的性冲动现象，也不需要害怕。我们应该主动去影响孩子，让他们把注意力从自己的身体转向别的方面。此时，我们就会想到这个孩子这样做是另有目的，他不是性驱动的牺牲品，而是把这当作是手段来达到自己别的目的。通常来说，这类婴儿的目的是赢取关注。他们察觉到父母的担忧和害怕，并且知道如何利用他们的担心。因此，如果他们的习惯不再能达到目的，吸引到关注，他们就会放弃这种行为。

我曾强调过，不应该给予孩子过多的身体刺激。父母们一般都非常喜爱自己的孩子，而孩子们也喜欢自己的父母。为了增强感情，父母们总是搂抱、亲吻孩子。应该告诉父母们，这不是一种正确的方法。他们不该如此残忍，孩子们也不该受到心灵的刺激。很多孩子跟成年人在回忆童年时，经常会跟我提到自己在父母的书架上发现黄色读物或是看了色情电影之后的感受。我们最好不要让儿童接触到这些图书和影片。如果不在性欲上给孩子以刺激，可以避免很多麻烦。

之前我们还提到过另一种形式的刺激，就是不断向孩子提供不必要也不恰当的性知识。很多成人似乎有一种散播性知识的爱好，似乎很担心自己的孩子长大后会对性知识一无所知。如果稍微用心回忆一下我们自己的过去，或者研究一下其他人的历史，就不难知道，这种担心完全是多余的。宁可等到孩子开始对此有了好奇心，并想要了解相关知识的时候，再来告诉他们也不迟。即使孩子不说，真正关心孩子的父母也会察觉到。如果孩子跟父母是很亲密的朋友，那么他们就会主动发问，这时候，父母就应该以他们能理解并吸收的方式回答他们。

父母在孩子面前尽量避免过度亲密的行为。如果可以，不要让孩子和父母睡在一间卧室里，尤其是同一张床上，更理想的是，他们最好也不要跟自己的哥哥姐姐住在同一间屋子里。父母应该密切注意子女的动态，决不能掉以轻心。要是父母对孩子的性格与生活目标没有了解，就无法知道孩子在哪些方面容易受到别人的影响，或者什么方式才能最好地影响他们。

4. 正确对待青春期

将青春期看作是人生一个奇特的时期,这几乎是世界性的迷信。一般而言,人发展的每个阶段都会被赋予各种强烈的个体意义,并被认为完全能够改变个人,例如,绝大多数人对待更年期就是持有这种观点。这样的认知忽视了这一阶段并非是完全独立发生的,而是人整个生命过程的一个组成部分,是一连串生活事件中的一个环节。严格来说,这一阶段也没有多少特别的重要性。重要的是个人在这样的阶段中所期待的是什么,以及赋予它们的意义,和每个人面对的方法。

对于青春期的到来,无论是当事人还是那些相关的人,都常常会感到不安和疑虑,似乎这个阶段的到来就像是魔鬼的出现。如果对它有一个正确的认知,就能知道,除了社会会要求孩子们的生活方式有所改变外,其他任何方面都不存在过大的改变与影响。然而青年们自己相信青春期是一切事物的终结,他们将失去所有的价值与尊严。他们将不再拥有合作与奉献的权利,没有人再需要他们。青春期所有的困惑都来自这些青年人的自我感觉。

如果一个孩子已经学会把自己看作是跟社会中所有人都平

等的一员，并知道自己的权利与义务，尤其是学会平等地对待异性，并把异性看作是朋友和伙伴，青春期就会是一个机会，让自己能开始对成年生活做出独立而具有创造性的解答。假如一个孩子对这些道理理解得不够，对环境有错误的看法，那么青春期的到来，就会让他看上去是没做好准备的。这时候要是有人需要他、命令他、指导他去完成一件事，他会完成得很好；但要是需要他自己去决定做一件事时，他就会患得患失，一事无成。这样的孩子能适应奴役的状态，并表现得很好，却对自由无所适从。

第九章 犯罪及其预防

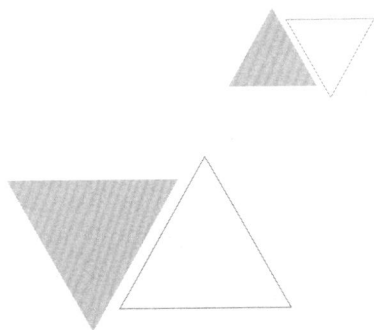

我们发现，罪犯并非特殊的人类，他们跟我们每个人一样，他们的行为也是人类行为的合理产物。

1. 犯罪心理及其成因

个体心理学让我们开始对人类的各种类型开始有所了解。尽管人类个体间存在着差异，但并非如想象的那样巨大。我们发现，罪犯和问题儿童、精神心理病患、神经病患、自杀者、酗酒者、性欲倒错者等所表现出的生活上的失败，基本可以归纳到同一类型。他们共有的一个最主要的特征就是人生处理方面的失败，尤其是在一个显著的固着点上，他们犯下了同样的错误，那就是缺乏社会认同感，对同胞漠不关心。但即使是在这一点上，我们也不能就认为这只是他们才存在的问题，并以此为标准把他们与一般人隔离开。没有谁是完全合作或完全不合作的，罪犯仅仅是失败的程度更深罢了。

要了解罪犯，还有一点至关重要，但在这一点上他们和普通人也一样没有区别——每个人都想要能克服困难。无论是谁，都是在努力想要完成一个未来的目标，一旦完成，我们就会感到快乐、健康与完美。杜威（Dewey）教授非常正确地把这种倾向称之为"对安全的追求"，还有一些人称之为"人的自我保全（self－preservation）意识"。但不管怎样命名，我们发现这一主导性主题始终贯穿在人的生命中——从卑微到优越、从失败到胜利、从下到上，这个过程从幼年时开始，一直持续到生命的结束。因此，当我们在罪犯身上看到同样的现象时，并没什么值得惊讶的。从罪犯的行为以及态度都能看出，他们也一样是在努力追求着。获取优越感，是要解决问题、克服困难。他们不同于一般人的地方不在于有没有追求的形式，而是努力的方向的偏差。他们之所以选择了错误的方向，正是因为他们不了解社会生活的要求，不关心他人，而这种选择在我们看来是极其不明智的。

必须特别强调这一点，因为很多人认为，罪犯是一种不同于一般人的人种。例如，有些科学家声称，所有罪犯都是弱智，存在着智力障碍，还有一些人宣称罪犯是先天遗传的必然结果，另外有人认为罪犯是环境因素导致的结果，是无法改变的，一旦犯罪，就会继续犯罪下去！现在已经有很多证据证明上述看法的不正确，而且我们还要认识到，如果我们认同上述这些观点，那么我们永远也没有希望能够解决犯罪问题！我们应该希望尽快消除这类偏见。在人类历史的整个过程中，犯罪一直都是悲剧性的，但现在人们应该开始行动起来，不能对犯罪现象再继续熟视无睹，只是喊着："这都是遗传造成的，我们一点办法也没有！"

无论是环境还是先天遗传，都不能看作是强制性因素。同一家庭、同样的环境里生长的儿童，可能会走上完全不同的发展道路。罪犯可能来自声名显赫的家庭，但我们也经常看到，在那些常年于监狱或感化院来来去去的罪犯的家庭中，一样有着很多品行优良的儿童。而且还有很多罪犯最终改邪归正，很多犯罪心理学家都解释不了，为什么有些盗窃犯在将近 30 岁时，突然停止犯罪，重新做人。如果犯罪倾向是与生俱来的，或是环境注定了要在一个人身上发生的，就很难解释这一变化。但以我们的观点来看并不难理解。很可能罪犯个人的处境发生了改变，比如，变得较为优越了，他们身上的压力不再那么大，因此存在他们的生活方式中的某些倾向不再有激发的必要，或者他的年纪大了，身体不再适合从事盗窃这类犯罪活动。

在进一步展开讨论前，我想先澄清"罪犯都是疯子"这一观点。尽管很多精神心理疾病患者同时存在着犯罪行为，但他们的犯罪属于另一种类型。我们并不认为他们应该对自己的行为负责，他们的犯罪来自对自己的完全不了解，以及用错误的方法对待自己的结果。同样，我们还应该把低智商的犯罪与罪犯分开，严格地说，他们仅仅是工具而已，真正的罪犯是那些躲在背后操纵的人。这类人利用心智不健全的人，为他们描绘一幅美好的画面，激起他们的渴望，自己躲在后面让心智不全的人去进行犯罪行为。那些很有经验的罪犯唆使青少年犯罪，也属于这个范畴。这些有经验的罪犯制订犯罪计划，然后指使年轻人去执行。

现在，回过头来我们再讨论一下我提过的那条活动线：每个罪犯——其他人——沿着这条线追求成功、牢固的地位。这些目标之间存在着很多的不确定性，我们的发现是，罪犯总是在追求只属于自己的优越感。他的追求丝毫不关系到他人的利益，也不会与人合作。一个社会需要由不同的成分组成，每个人都有合作的能力，都会对他人有需求，也被他人所需求着。

只是罪犯的目标不在这个范围内，对社会不存在价值。这正是犯罪作为一个行业最典型的特点。对此，我们将在以后探讨这种特点的来源。现在我们要谈的是，想要了解一个罪犯，需要找到他在合作中失败的程度和性质。罪犯之间的合作是各不相同的，他们有的严重缺乏合作，有的很轻微，比如，有些人把自己的犯罪行为限制在一个限度下，不会超过这个限度，而有些人则更愿意犯下造成严重后果的罪行。这些人有些是主犯，有些是参与者。为了了解犯罪的不同特点，我们需要进一步从个体的生活方式上进行探讨。

属于个体的生活方式很早就已确立，在四五岁这个年龄段，就已经可以大致看出一个轮廓，因此，不该认为这是很容易就改变的。它构成了一个人的价值观与性格，只有找到了那些在最初确立时就存在的错误，才能加以改变。由此我们就能理解，为什么很多罪犯在遭到了很多次的惩罚，受到了无数的侮辱与轻蔑，社会生活的各种权利也被剥夺的情况下，却依然不思悔改，还会继续在犯罪的路上走下去。可以看到，导致他们犯罪的并非经济原因。当然不可否认，在遭受过大的经济压力时，犯罪率会直线上升。统计数据也证明了，犯罪率是跟物价的上升成正比的。但这还是无法证明，经济环境是导致犯罪的必然因素；而只是在表明，人的行为是会受到环境制约的。例如，合作的程度是有限度的，一旦到达极限，合作就会停止。很多人在停止了合作后，会倾向于加入犯罪行列。很多别的事实也证明，大部分人在生活条件优裕时，是拒绝犯罪的，但当生活出现了大的变化，人们无法应对时，很多人就会倾向于犯罪。

这里需要强调一下，最重要的依然是生活方式，也就是应对的方法。

个体心理学的这些经验告诉我们一个很简单的结论——罪犯对他人不感兴趣。他们合作的限度很低。一旦超过这个限度，犯罪就会开始，通常那个限度就是在他感觉到自己无法控制的时候。要是再考虑到每个人都要面对生活中出现的问题，以及那些罪犯无法解决的问题时，就会发现，在人的一生中，除了社会问题外，就不存在着其他问题。解决社会问题需要我们对他人的兴趣、需要合作才能成功。

个体心理学把人的生活问题分为三大类。第一类是与他人的关系问题，也就是友情问题。罪犯经常也会有朋友，但更多的是共同犯罪的伙伴，一般以帮派的形式出现，相互之间也能有一定的忠诚度与坦率，但他们的生活被缩小到一个很狭小的范围。除了那些同伙，他们无法与社会中的正常人成为朋友。他们就像是局外人，也无法找到与他人正常交往的方法。

第二类问题包括职业问题等。当你试着问一个罪犯这方面的问题，他们中的很多人会这样答复你："你完全不知道工作有多辛苦！"在他们的意识里，工作是辛苦的，因此他们不愿意跟一般人一样勤劳，一样去面对困难。一种有用的职业包含着对他人的兴趣以及所做的贡献，恰恰正是这一点是罪犯人格中所缺乏的因素。合作精神的缺乏，在罪犯身上很早就体现了出来。所以，他们中的大部分人没有对职业问题的心理准备。大部分罪犯的文化水平都很低，也很少拥有有用的一技之长。追溯他们的历史，不难发现，从学校时代开始，甚至在他们进入学校之前，很多问题就已经存在。他们没有学到过合作，而职业首先要解决的恰恰是与人的合作。鉴于此，我们不该在他们出现职业问题时，责备他们。我们应该这样去看待，那就是好像一个没有学过地理的人，却要他去参加地理考试一样。

最后一类问题包括所有与爱情有关的问题。爱情生活中，对爱的对象或者配偶的兴趣以及相互间的合作至关重要。有一个现象值得注意：被送进感化院的人，在入院前通常半数都患有性病。这表示，这类人只能简单地处理爱情问题。在他们的心中，伴侣是财产；他们中很多人都认为伴侣是可以购买到的。对他们而言，性生活就是征服过程，是占有，也是他们拥有所有权的东西。有些罪犯这样说："如果不能随心所欲地得到我想要的东西，生活就没有一点儿意思。"

我们可以开始思考我们该从什么地方对罪犯进行矫正了。首先要教会他们合作的重要性。在感化院里对他们进行鞭打是毫无用处的。那样的结果是当他们被释放后，仍然会继续危害社会。可在今天，这是没有协商余地的。对此，我们要问的是："既然他们无法适应正常的社会生活，我们该如何对待他们？"当一个人在生活中不愿与人合作时，这就不会是一个小的缺陷。人在生活中的每一天都需要不断与人合作，这种合作以及合作的形式与程度体现在我们的言谈举止中。如果没看错的话，罪犯的看、听、说的感觉方式都会与众不同。他们使用不一样的语言，由此不难推测，这类人的智力发展很可能受到了这种偏移的影响。人说话的目的就是希望被他人理解，而了解正是一种社会的关键因素，我们的语言因此是约定俗成的。对语言的理解，我们应该是相同的，只是罪犯不同，罪犯们有他们自己的逻辑、自己的思想。这些还可以从他们对自己罪行的辩解方式上看出。他们一点儿都不愚蠢，也不是智商低下。假如我们接受他们的个人优越感，那么他们的结论绝大部分会是正确无误的。当一个罪犯这样说："我看到一条裤子很不错，但我没有，所以我会杀死穿着它的人！"如果我们认可他的欲望和需要，并且的确没有其他办法帮他满足，也没有人要求他按照正确的方式行事，那么我们只能承认他的决定是明智的，仅仅是缺乏常识。

匈牙利最近发生了一起刑事案件。有几个女人下毒，犯下了好多起谋杀案。当她们中的一个被送进监狱后，这个女人说："我儿子病得很厉害，要死了，我没办法，只能毒死他。"当她不愿继续合作下去时，你还能要求她怎么做？在她犯罪时她是很清醒的，只是她的感觉标准不一样，对事情有不同的看法。通过这样的案例，我们可以了解到，一些罪犯在发现什么东西是自己所需要的时候，会想着去夺取以获得，而且他们会说，他们这是从这个他们不感兴趣、充满敌意的世界，夺回一种东西。这是因为他们拥有完全错误的世界观，同时错误地估计了自己跟他人的重要性。

然而在探讨罪犯缺乏合作精神时，这一点并非最主要的。我们说罪犯都是懦夫，他们对生活中自己遇到的问题，在觉得难以应付时会采取逃避的方式。除了他们的犯罪行为，我们还可以从他们面对生活的方式中发现他们的懦弱。他们总是躲在阴暗的角落袭击过往的人，在遇到抵抗时首先使用武器。也许他们会认为这是勇敢的表现，但我们绝不认可，也不要受他们的愚弄而认为这是勇敢的行为。罪犯是懦夫模仿英雄行为的典型。他们所追求的是一种自我幻想的优越感。他们仅仅自以为是英雄，实际上这又是一种错误的感觉，也是常识缺乏的体现。当我们清楚地意识到他们是懦夫，他们自己也发现了我们意识到了这一点后，他们会大为吃惊。在他们觉得自己战胜了警察时，他们的虚荣心得到了很大满足，他们会想："我不可能被抓住。"也的确如此，当我们仔细检查每一位罪犯的历史，会发现他们有过很多罪行，不曾被发现。这当然令人不安。而当他们被抓住了，他们就会想："我这次有些地方没做好，下次不能再犯同样的错误！"没有被抓住的犯罪行为，总是能让罪犯心满意足，会想要对同伙炫耀并接受祝贺与赞赏。

我们必须破坏罪犯对自己勇气与机智的这种判断。但我们要在什么地方破坏它呢？可以是在家庭、在学校、在感化院。我们以后还会继续描述罪犯的要害所在。现在，我们需要进一步讨论造成合作失败的环境因素。

有时候，我们认为必须让父母来承担这个责任。可能是母亲缺乏技巧，无法让孩子跟自己合作；而母亲很可能认为自己没有得到帮助，甚至自己都无法跟自己合作。在不愉快的婚姻或破裂了的婚姻里，很容易看到合作精神缺乏开发的情况。从婴儿期开始，人遇到的第一个合作对象就是母亲，很可能这位母亲不想让孩子的兴趣扩展到自己之外的任何人。这个孩子也有可能是这个家庭中的说一不二者。而在他三四岁时，另一个孩子出生了，他一下子从王座上被逐走。这些都是需要考虑的因素。同时，如果追溯罪犯的生活经历，会发现他们最初的麻烦经常是开始于早年的家庭生活经历。这里需要强调一点，具有影响力的并非环境本身，而是孩子对其地位的错误认知，还有就是缺乏指引他的人。

在一个家庭中，如果某个孩子特别杰出或者某方面天赋极高，对其他孩子来讲有可能就会是一件难堪的事。这类孩子总是受到更多关注，会导致他人的心理不平衡并开始拒绝与其合作。他们想要与之竞争，但缺乏足够的勇气和信心。这些生活在他人的阴影下、很少有机会得到自我表现机会的孩子，我们经常能看到他们的发展不是很顺利。这样的孩子中，很可能出现罪犯、精神问题患者或者自杀者。

那些不具备合作精神的孩子，在他们第一天上学时就能从他们的行为中发现这一点。这样的孩子很难与其他同学进行交流，也不喜欢老师。他们经常显得漫不经心，上课不听讲。要是老师不了解他们的情况，就会对他们造成新的打击。他们很可能会受到各种冷嘲热讽，而不是耐心的帮助与协作。这样必然导致他们失去对学校、对学习的兴趣与信心。在罪犯中，我们经常可以发现他们 13 岁了，还在读四年级，而且还经常被看作是笨蛋。这样一来，他就对他人失去了兴趣，然后逐渐把注意力转向别的方面。

还有就是贫穷。贫穷容易使人对生活产生错误的认知。通常那些出身贫寒的孩子，在家庭之外很容易受到歧视。他的家庭很可能连温饱都成问题，他所看到的、经历到的大多是艰辛困苦，以及生活带来的巨大压力。这样的孩子也许很早就开始不得不帮助家庭干活。而与此同时，他能目睹社会上很多人过着奢华的生活，从不为金钱担心，于是他很可能会想：这些人不该这样享受远远超过自己的待遇和权利。这种现象在贫富悬殊的大城市里，也是导致犯罪率高的原因之一。妒忌绝不会产生有用的目标。成长于这种环境下的儿童，很容易产生对生活、对社会的误解，以为优越感就在于不劳而获。

另外，身体缺陷也会导致严重的自卑感。这是我的发现之一。因为这个发现，我居然为神经学和精神病学中的遗传论开了先河，这真是一件让人遗憾的事。但我最初说身体缺陷会引起自卑感以及其心灵的补偿作用时，我就已经预想到了可能出现这样的危险。自卑感的产生不该归咎于身体，而是应该归咎于我们的教育方法。如果方法正确，身体有缺陷的儿童一样能对他人、对自己有很浓的兴趣。只有没人在身边帮助时，他们才会只关心自己。不否认的确有不少人患有内分泌腺问题，然而我对此很乐意澄清：事实上，我们根本无法说明，某一种内分泌腺的正常作用该是怎样的。内分泌腺的作用可以有很大变化，却并不导致人格的改变，因此这个因素就该被抛开了。尤其是在我们企图找到正确方法来帮助这类孩子健康成长并拥有与人合作的兴趣时，就更该抛开这种因素。

在罪犯中，孤儿的比例相当大。对此我的看法是：我们没能帮助这些孤儿建立合作精神。而这简直就是我们文明社会的奇耻大辱。还有那些私生子——没人站出来去帮助他们，赢得他们的信任和感情，并引导他们去热爱人类。遭到遗弃的孩子成为罪犯的可能性非常高，特别是当没有人需要他们时。在罪犯中我们经常能发现相貌丑陋的人，这曾经被当作是遗传论的证据。但只要稍微想想就不难明白，容貌丑陋的人更容易受到冷漠对待！要是一个孩子长得丑，他就背上了沉重的负担，他甚至会失去我们都爱的东西，那就是美好的童年。但如果能正确对待他们，他们也一样能获得对人生与社会的良性的兴趣。

很有趣的是，在罪犯中我们也会看到一些英俊的男孩或男人。这该如何来解释遗传理论的说法呢？假如身体残缺的罪犯代表了人类遗传缺陷与犯罪间的关联，那么这类英俊的罪犯又该如何解释呢？实际上这类人一样是生长在一个限制了其发展对生活、对社会的良好兴趣的环境里的，那就是被过度溺爱。

2. 罪犯的类型与特征

由此你会发现，罪犯通常分为两种类型。一种是不知道世界上存在所谓的爱的。这类罪犯对真正的爱没有丝毫经验。他们对他人有的只是一种怀疑与敌意；他们的外貌本身就是充满敌意的，并且把每个人都当作是自己的敌人。他们不会相信这个世上还有需要自己、欣赏自己的人。另一种就是被过度溺爱的孩子。那些罪犯在埋怨时经常会这样说："我之所以会有今天的下场，都是我妈妈把我惯坏了。"对此我们需要详加讨论，但我之所以提及，只是想要强调：罪犯受到的教育与训练各不相同，但他们有着相同的地方，那就是都缺乏合作精神。父母很可能想要把他们教育成良好的公民，却不得其道。如果他们整天板着脸，事事都吹毛求疵，那就更不可能做到。但要是父母娇宠他，把他当成舞台上的唯一角色，他又会觉得自己太重要了，而不再愿意去努力获得同伴的注意与赞扬。这样的孩子也会失去生活的关键能力，他们总是希望受到关注，也会期待某些事情的出现。要是不能找到可以满足自己的途径，他们就会开始责怪环境。

现在我们来看案例，看看能否发现以上我说的——案例的内容尽管并非为这个目的而写。

第一个案例是从谢尔顿（Sheldon）跟格鲁克（Eleanor T. Glueck）合著的《五百位罪犯的生涯》一书中引用的"百炼金刚约翰"。这个男孩对自己犯罪生涯的总结是——

> "我从未想过自己会自甘堕落。直到十五六岁，我还和其他孩子一样，我喜欢运动，也经常参加体育比赛。我也从图书馆借书看，生活顺利，一切都不错。然后，我的父母让我退学，逼我去工作，还要拿走我全部的薪水，每周只给我五角钱。"

这些都是他的控诉。如果问他和父母的关系，要是可以完整了解到他的家庭状况，我们就能知道他真正经历了什么。但现在，我们只能断定，他与父母关系不睦。

> "我工作了大约一年，然后开始和一个女孩约会，她喜欢玩。"

我们经常能在罪犯的生涯中看到类似的经历：他们爱上了一名贪图享乐的女孩。回想一下之前我提到过的，这是一个合作程度的问题和考验。他与一名贪图享乐的女孩交往，一周却只有五角钱，难以想象这怎么解决他们的需求。他应该知道世界上还有很多别的女孩。如果是我，我会这样说："如果她只是想快活，那就不是我想要的女孩。"但每个人对生活中什么最重要的判断，都是不同的。

> "这年头，靠着每周五角钱，你是根本没法让一
> 个女孩快乐的。老头子又不愿意多给我点。我很难
> 过，心里老是想着，我怎样才能弄到更多的钱呢？"

正常的想法应该是"应该更加努力地去干活，也许可以挣
到更多的钱"，但他只想走捷径。同样，他这样讨好一个女孩，
也是为了自己高兴，不求更多。

> "一天我遇到了一个人，我们很快就混熟了。"

陌生人的出现是对他的又一次考验。一名有着正常合作能
力的男孩不会被引入歧途，但这名男孩的处境很容易使他受到
诱惑。

> "他是'老大'，也就是资历很深的小偷，精明、
> 有本事、经验丰富，而且还会跟你分享，不会害你。
> 我们一起干了好几次都很顺利。以后我也熟练了。"

据说他的父母有自己的房子。父亲是一家工厂里的领班，
平时只有周末才能回家。这个男孩是家里三个孩子中的一个。
在那之前，他家里没有谁有过犯罪记录。在此我很想知道主张
罪犯有遗传因素的专家们，对这个个案做何解释。这个男孩还

承认，他 15 岁那年就开始跟女孩交往，并有了性关系。我这里还敢断言，一定会有人说他好色。但这个孩子对别的没兴趣，他只想快乐。纵情于声色是任何人都能做到的，这并不难。但我认为这个男孩是想要通过这种行为来获得他人的认可，想要成为人们眼中征服异性的英雄。16 岁那年，他第一次因为入室盗窃被捕。

他表现出的其他兴趣证实了我们的分析。他想表现出一副成功人士的模样来吸引女孩子们的关注，在她们身上花钱以获取她们的芳心。他戴着宽檐帽、红色领巾，皮带上还别着把左轮手枪，给自己起了一个"西部不法之徒"的外号。他是个虚荣的男孩，想要展现英雄形象，却没有其他手段。他承认了所有被指控的罪行，并且声称"还有许多"。他对他人的财产权毫不顾忌。

> "我觉得生命没有什么意义。对于普遍的人性，
> 我只有极端的蔑视。"

所有这些有意识的思考其实是无意识的，他并不明白当中真切的含义。他感到生活就是负担，却不知道自己如此灰心丧气的原因。

> "我学会了不要相信别人。他们说小偷之间不会
> 互相欺骗，但其实会。我曾经有过一个搭档，我对
> 他很不错，他却对我使坏。"

"如果有了很多钱，我会跟其他人一样诚实。我想说的是，我的钱要多到可以任意花。我从不喜欢工作，我讨厌它，也绝不会去工作。"

我们可以把这段话转译成这样："我开始犯罪都是因为生活太压抑。我要强迫自己压抑自己，最后就犯罪了。"这是一个值得深思的现象。

"我从没有存心要犯罪。但当你开车去到某个地方，总会有一些东西引起你的注意，让你很难忍得住，结果只好拿走它。"

他认为自己是英雄，不会承认自己的懦夫行为。

"之前我被抓到过一次。那时我身上有价值四千元的珠宝。我就是想不出，干吗不去找女朋友乐一乐，所以我想换点现金，结果被抓到了。"

他把大把的钱花在女孩身上，很容易就获得了她们的欢心。在他这类人眼里，这就是真正的胜利。

"监狱里有学校，我要尽可能地接受更多的教育——我才不是为了什么洗心革面、重新做人，我是想让自己成为世上最厉害的人。"

这是对人类很深的恨意。不仅如此，他根本就是拒绝人类的存在。他说："如果有儿子，我会绞死他。你以为我会愚蠢到把一个人带到这个世界上来吗？"

我们该怎样去改造这样一个人？除了想改变他对合作的看法，增进他的合作意愿，并指出他对生活的认知的错误外，根本看不出还有别的办法。而想要说服他，只能从他的过去开始，寻找到最初他对生活的误解开始的时候，才会有可能。在这个个案中，我没有一点儿有关这方面的信息。他童年时一定发生了什么事情，才让他对人类充满敌意。如果要猜的话，我猜也许他是长子，和许多长子一样被寄予厚望。后来，另一个孩子出生了，这让他感到被抛弃。如果我猜对了，你就会发现，即使是这样微不足道的小事也能阻碍一个人合作精神的养成。

约翰进一步说，他被送进感化学校后，遭到了粗暴对待，结果他带着对社会更强烈的仇恨离开了学校。关于这一点我必须说几句。从心理学角度来说，监狱对犯人来说，监狱的粗暴待遇就是一项严峻的挑战。它是对一个人的坚韧性的严重的考验。同样，如果犯人老是听人喋喋不休地宣传"回头是岸，重新做人"，他们也会将之视为挑战。他们想当英雄，为此很乐意接受各种挑战。他们觉得社会是在挑逗自己，向自己发出挑战，因此必须要坚持下去。当一个人觉得自己是与整个世界作战时，还有什么比迎接挑战更能令其兴奋的呢？

对问题儿童的教育上，向他们发出挑战是最糟糕的做法。

"让我们看看谁更厉害！看看谁能笑到最后！"这些孩子和罪犯一样，沉浸在自己要成为强者的欲望中，并且知道，如果足够聪明就能摆脱这种痴迷。感化院和监狱常常对犯人发起挑衅，这是一种极为有害的策略。

下面我想给你看的是一个谋杀犯的日记。这个谋杀犯已经被判处了绞刑。他残酷地杀害了两个人，在作案之前，他把自己的想法都记了下来。这本日记提供了一个很好的机会，让我能分析一个罪犯如何做出自己的犯罪计划。要知道没有一个人在犯罪前是没有计划的，在计划时，他们会为自己的行为找到合理的解释。从这类类似自白的文字中，我还没发现有罪犯能简单明了地描述自己的罪行的例子，也没有发现一例不为自己的行为辩护的例子。我们可以由此看到社会归属感的重要性。即使是那些罪犯，也很想和社会建立联系。与此同时，他也在努力消灭自己的社会归属感。在行动前，他首先要做的就是突破社会归属感的高墙。在陀思妥耶夫斯基的小说《罪与罚》中，主人翁拉斯科尼科夫躺在床上两个多月，思考的都是一件事，那就是他是否应该去进行一项犯罪活动。最终他用这样一个念头鼓起了自己的勇气：“我是拿破仑还是一只虱子？”犯罪分子靠这样的幻想自我欺骗、自我激励。事实上，所有罪犯都知道，他们过着对社会无益的生活，也知道什么才是有用的生活。然而出于怯懦，他们拒绝有用的生活，而怯懦则是因为他们缺乏成为有用之人的能力。解决生活中的问题需要合作，他们对合作却一窍不通。之后，在想要逃脱自己的罪责时，我们会看见他们为自己辩护，寻找一些借口来掩饰自己的罪恶，例如生病、失业之类的。

下面是我从这些日记中摘录的一些句子——

"所有人都背弃了我，我遭人唾弃和鄙视，他们
侮辱我（他有着明显的自尊心），巨大的不幸简直要
压碎我。再也没有值得我留恋的了，我无法再忍受
了。我也许该听天由命、任人宰割，可问题是吃饭
没法解决，人的肚皮可是不会听指挥的！"

很明显他是在为自己开脱。

"有人预言我会被绞死，但想想也无所谓，绞死
跟饿死有什么区别吗？"

记得在有一起案子里，有个母亲对自己的孩子这样预言：
"我知道总有一天你会绞死我！"而这个孩子 17 岁时，果然绞
死了自己的母亲。预言在这里就跟挑战一样。

"我不在乎后果，反正我会死。我什么都不是，
没人想理我，我想要的女孩也躲着我。"

他想要吸引那位女孩的注意力，却没有体面的衣服，也没
有钱。他将这个女孩看作是自己的一宗财产，他就是这样解决
爱情和婚姻问题的。

"反正都一样，我也只好这样做，把她绑来做奴隶，不然我只好彻底灭亡。"

这类人通常都喜欢采取极端的手段。像孩子一样，要么得到那个东西，要么什么都不要。

"星期四我就开始这样干。对象已经选好，我在等待时机。到时候，那会是一件没有人能干得了的事情。"

他是自己的英雄："这很可怕，不是每个人都能做到的。"他带着一把小刀，杀死了一个毫无防备的人。这还真不是任何一个人都能干得出来的！

"像牧羊人驱赶着羊群，饥饿驱使着人犯下最邪恶的罪行。也许我再也见不到明天，但无所谓。最糟糕的莫过于忍饥挨饿。我已经受够了这种煎熬。我的最终考验将是面临审判。犯罪必须付出代价，但怎么死都好过挨饿。如果饿死，没人会多看我一眼。现在人群涌来观看对我的行刑，也许会有人为我难过呢。既然下了决心，就要将它完成。没人像今夜的我这样不安、这样害怕。"

可他并不是自己想象中的英雄！在接受审讯时他说："尽管没有刺中他的要害，但我毕竟是犯了谋杀罪。我知道自己会被绞死，但那人的衣服太漂亮了，我可一辈子也没穿过那样漂亮的衣服。我知道自己永远也不可能有那样的衣服。"这时候，他不再声称饥饿是他杀人的原因，现在变成了漂亮的衣服。"我不知道自己在干什么。"辩解的方式与内容会不同，但你总能看到类似的说法。犯罪分子有时将自己灌得酩酊大醉才去作案。这恰好证明，他们要付出怎样的努力才能突破社会归属的厚墙。我相信，在所有犯罪案例描述中，我都能找到前面指出过的几点。

3. 合作与罪犯的矫正

　　现在到我们面临真正问题的时候了。我们该怎么办？如果我是对的，在每个罪犯的生涯中，都能看到缺乏社会兴趣而又不懂合作之道的个体，他们都在追求优越感。我们该怎么办？对待罪犯如同对待精神病患者一样，除非我们赢得他们的信任并能让他们与我们开展合作，否则对他们将毫无办法。不过我不会过度强调这点。我想说的是，如果我们能让罪犯产生对人类幸福的兴趣，如果我们能让他们对他人感兴趣，如果能教会他们通过合作来解决生活问题，那么什么问题都不存在了。但如果做不到这些，我们也就没什么可做的了。这项工作一点儿都不像看着的那么简单。我们既不能让他们做简单的事来争取他们的信任，也不能要求他们做他们做不到的事情。我们不能指出错误，然后与之争辩，罪犯的意志是很坚强的。他用他自己的方式来看世界已经很多年了，想要改变他们，就得找出他们行为模式的来源，必须发现他们开始失败的地方，从那里开始。既然他们的人格属性是在四五岁时形成的，那么在犯罪行为中，他对世界、对自己的看法也应该是在那个时候形成的。我们需要纠正的是这个最初的错误。我们必须找出他最初的那个地方来。

从最开始的地方起，他会把经历过的每件事都用自己的态度加以解释。如果经验和态度发生了分歧，他就会思考、回忆，直到那件事变得面目全非为止。要是有人有这样的态度——"全世界的人都在羞辱我、亏待我"，他就会找到很多能支持并坚定他的看法的证据。他会只看到这方面的证据，而无视别的方面的证据。罪犯只对自身和自己的看法感兴趣。当然他也有自己倾听和观察的方式，我们能经常看到，他们对那些自己无法解释的事物，采取视而不见的方式。对此而言，除非我们知道他这样解释背后的原因，以及他的观点是如何形成的，并找到他的态度最初的形式，我们才能说服他。

这就是最严厉的惩罚不起作用的原因之一。罪犯会把这种惩罚看成是社会对他的敌意以及不合作的证据。这样的情形很可能发生在学校里，那时候他会拒绝合作，导致成绩严重落后，于是他不停地制造麻烦。而这样做的结果是进一步的惩罚。问题是这样就能使他跟人合作了吗？绝对不会，他会越来越对自己的处境感到绝望，越来越认定所有人都是在与自己作对。有谁能对一个自己经常受到责罚的地方产生兴趣呢？这样下去的结果，只能是这个孩子失去信心，对学校、老师、同学再也不感兴趣。他就会逃学，会开始四处游荡，寻求新的避难所。而在那样的场合，他会遇到一些与他有类似经历的同伴。他们相互理解，会相互恭维、鼓励，最终使得他把希望寄托在生活坏的一面上。这种类型的孩子会聚集起来，互相帮助，一起产生对社会的仇恨，逐渐就会形成一个犯罪集团。如果在将来的生活中，人们以过去他经历过的方式对待他，那么他就会拥有了新的证据，证明人们是在以他为敌，而只有自己的同伙才是自己的朋友。

这样的孩子是不应该被生活的考验打败的。对于他们，我们急需要做的就是不能让他们完全失去希望。要是学校能培养孩子们的自信和勇气，就能更好地防止这种事情发生。这在将来需要做详尽的讨论。我现在只是用这个例子来说明一点：罪犯是怎样把对自己的惩罚看作是社会对他的敌视的象征。

无论多严厉的刑罚对他们总是收效甚微。很多罪犯并不爱惜自己的生命。有些罪犯在某些时刻就是在自杀的边缘徘徊，刑罚无法阻止他们。他们沉溺于战胜警察和刑罚的欲望中，就是想要证明社会和法律奈何不了自己。他们置自己于太多事物的对立面，把对抗看作是应对挑战的唯一手段。如果遇到严苛的执法者，他们会受到严酷的对待，而他们能做的就是抵抗到底。这样只会增加他们对抗法律的决心。要知道他们是以这种方式对待任何事和人的。当他们把与社会的接触看作是不间断的挑战、是一场战争，并竭尽全力想要取胜时，如果我们也抱着同样的态度，那么这恰恰是他们需要的。哪怕是电椅也能够成为这种挑战的形式。罪犯很可能认为自己是在赌博，赌注越高，越能激发他们的表现欲和勇气。很多罪犯其实正是为这个才去犯罪的。那些被判处了极刑的罪犯，往往会后悔自己没有能战胜警察："我要是没掉那块手帕就好了！"

我想，我们首先要做的是找到罪犯在儿童时期所遇到的对合作的阻碍。对此，个体心理学正是这片黑暗大陆上的一道曙光，能让我们看得比较清楚。儿童的心灵在五岁左右就已形成，人性的脉络已经开始汇集到一起。遗传跟环境对他的发展会有一定的影响，但真实的情况是我们对孩子们到底带着什么来到这个世界上、他们到来后遭遇到了什么，根本就不关心。我们只会注意他们利用了这些方式，他对这些的看法和态度，还有他因为这些所得到的成就。了解这点是非常重要的，因为对遗传的影响我们实际上是一无所知的。我们必须要考虑的是他所处环境的各种因素，还有他运用这些外在因素到了什么程度。

罪犯还有纠正的可能性，来自他们还保留着一定程度的合作意愿，尽管不足以应付生活的需要。对此最大的责任人应该是母亲。她必须懂得怎样去帮助孩子扩大对合作的兴趣，怎样把这种兴趣扩散开，直到拥有对他人的兴趣。她还要以身作则，让孩子学会对人类社会以及自己的生活感兴趣。但很可能这位母亲不情愿让自己的孩子对他人或别的事物产生兴趣。很多因素都可能导致这种情况的发生——婚姻的不如意甚至失败，比如双方家长的原因，他们正在准备离婚，或者相互妒忌，等等。为此，她害怕失去孩子，于是就过度溺爱、迁就，不愿让他独立，这自然会阻碍孩子的合作意愿的发展。

儿童对伙伴的兴趣对于发展对社会的兴趣作用是很大的。过度受到溺爱的儿童通常在跟伙伴的关系上，存在障碍。这种情况要是发展到严重的程度，很可能成为孩子将来犯罪的起点。那些拥有一个天才的家庭，其他孩子很容易成为问题儿童，比如，弟弟或者妹妹讨人喜欢，就会给哥哥姐姐带来压力，他们很容易产生被忽视的感觉。要是不能及时发现并采取措施，他们就会越来越相信自己的错觉，并把每件事都看作是这种错觉的证据。这种错觉变得严重后，他们的行为就会反常，要是父母再采用严厉的方式责罚，那就会愈演愈烈，最后很可能发展到因为感觉自己遭到了剥夺而偷窃。如此就会陷入恶性循环中，他们越是受到责罚，就越是认为自己的感觉是对的。

父母最不应该做的就是在子女面前抱怨生活艰难、世道险恶，这很容易为子女的社会发展制造障碍。要是做父母的总是责备亲邻好友，表现出对他人的偏见与不满，也会导致孩子心理上对合作的抗拒。在他们长大后，会缺乏对他人的信任，这种心态很可能会反过来针对自己的父母。当社会兴趣受到阻碍时，自私就会取而代之。这样的孩子会认为："我为什么要替他人着想？"当以这种生活态度去面对生活，遇到难以解决的问题了，他们就会犹豫、退缩。他们会害怕面对生活中的各种困难，认为这不是自己能承受的。要是伤害了什么人，他们也不会在意。既然生活就是一场战争，那么当然可以不择手段。

下面的例子可以帮助我们寻找出犯罪的进展模式。

有这样一个家庭，第二个儿子是一个问题儿童，就我们所得到的信息，这个孩子生理上不存在任何缺陷。他的哥哥是家里的宠儿，而他一直都在跟这个哥哥竞赛，渴望打败哥哥。这个孩子的社会兴趣因此完全没能得到开发，而且对母亲的依恋很深，想从母亲那得到所有东西。跟哥哥的竞争让他感到困难——哥哥是学校的优等生，而自己是班级里最后几名。他想要控制他人的欲望十分明显，在家里总是对一位老女仆发号施令，让她为自己做这做那，甚至像士兵一样训练这位老仆。但这位老女仆非常喜欢这个孩子，一直到他20岁了，她还在为他扮演士兵，只是为了满足他做将军指挥他人的欲望。他对自己的工作缺乏信心，一事无成。当遇到经济困难时，他就会向母亲开口要钱，母亲尽管每次都会责备他，但还是会给他钱。他突然结婚，原因是他一直想要赶在哥哥前面结婚，把这看作是一种战胜哥哥的方式。可以从这里看出，他把自己估计得很差，觉得自己只能在这样一些微不足道的事情上战胜哥哥。结婚后他的经济更加困难，他的父母不能再像以前那样资助他，夫妻因此经常吵架。他订购了一架钢琴，转售掉后没钱付款，结果被人告上法庭，锒铛入狱。我们从他的童年看到了他这段经历的原因。他一直生活在哥哥的阴影下，很像一棵小树，因为周围的大树夺取了阳光而无法正常生长。他坚信自己根本无法战胜哥哥，并由此有着受辱的感受。

还有一个例子，是一个有野心的女孩，受到了父母的过度溺爱。她对自己的妹妹非常嫉妒，无论在家还是在学校，她对妹妹的敌意都很明显。她对妹妹得到的来自父母的爱格外敏感，把这些都当作证据，比如妹妹得到了多一点儿的金钱、糖果等。有天她偷同学的钱被发现，受到了处罚。好在我有很早介入的机会，帮助她摆脱了心理上妹妹的阴影。我还向她的父母解释了这种情况，他们同意尽量避免再让她有他们偏爱妹妹的感觉。这是 20 年前的事，如今这个女孩已经结婚生子，成为一名有声望的女性。经过那段经历，她生活中再也没有犯过大的过错。

我们应该注意到儿童阶段在发展过程里特别容易造成危险的因素。我很乐意对此加以总结。要强调这些，主要是因为如果个体心理学的发现是对的，那么就必须先认清环境对犯罪的影响，真正能帮助罪犯，参与到合作中去。有三类儿童容易产生困难，出现问题，第一类是生理缺陷的，第二类是被过度溺爱的，第三类是受到忽视的。

生理缺陷会导致儿童感觉到自己遭到了自然的剥夺，除非受到特别训练，他们很难对合作感兴趣，因为他们的身体决定了他们的注意力容易专注到自己身上，他们还会寻求对他人的控制。有过这样一个案例，一个男孩因为遭到女孩的拒绝，他觉得自己受到了羞辱，结果教唆一个年纪比自己大的男孩去刺杀这个女孩。而被过度溺爱的男孩总是把注意力专注在母亲身上，他们很难把注意力扩展到世界的其他部分。我们都知道，没有任何孩子是可以被人弃之不顾的，要是这样，一个孩子根本无法度过他的婴儿期。但在孤儿、私生子、弃婴和残疾儿童那里，我们发现了很多遭受忽视的儿童。由此可以归纳出，罪犯一般可以分为两类——丑陋而被轻视的，英俊而被过度溺爱的——理由，就不难理解了。

4. 案例与犯罪的预防

我曾想通过自己接触过的罪犯，还有在报刊书籍上读到过的对罪犯的描述，找出罪犯人格的结构。我发现，个体心理学的主要概念能帮助我们对此有所了解。下面，我从费尔巴哈（Anton von Feuerbach）所著的一部古老的德国书中选出几个案例，来进一步加以说明。这些故事能让我们看到对犯罪心理的最好描述。

（1）康拉德案例。他跟一位工人合谋杀害了自己的父亲。他父亲对他一直都很轻视，并且残忍，经常闹得家里鸡犬不宁。一次这个孩子在受到打骂时忍不住还手了，这位父亲就把儿子告上了法庭。法官对孩子说："你父亲的确恶劣，但实在没办法！"这里需要留意，这位法官说的话已经种下了恶果。这个家庭想尽了办法要改变这个父亲，但毫无效果。最后这位父亲把儿子赶出家门，带回一个女子同居。后来这个孩子认识了一位工人，他对孩子的遭遇非常同情，就劝他杀掉父亲。由于母亲的原因，这个

孩子一直犹豫不决，但家里的情况越来越乱，他终
于下了决心。他在这个工人的帮助下，杀死了父亲。

在这个案例中，我们可以看到这个孩子甚至无法对自己的
父亲感兴趣。他对自己的母亲有着过于强烈的依恋，并且非常
尊敬母亲。在他丧失最后一点社会归属感前，他为自己找到辩
护的理由，以减轻罪恶感。那个工人的适时出现帮助了他，使
得他下定决心去实施犯罪。

（2）玛格丽特·史文齐格，外号"毒药女死神"。
她儿童时期在孤儿院度过，瘦小丑陋，是个体心理
学所说的"急于得到他人注意"的类型，却一直受
到歧视。经过一次次失败的努力后，她有过三次预
谋杀死其他女人，目的是得到她们的丈夫。她认为
是这些女人抢走了自己的情人，除了杀死她们，她
想不出其他办法。于是她假装怀孕，用自杀来取得
男人的关怀。她在自己的自传里（很多罪犯都喜欢
写自传）这样写道："每次干了坏事后，我都会想，
没有人会为我悲伤，我为什么要为他们的不幸悲伤
呢？"但她不清楚自己为什么会这样想。

这可以作为个体心理学潜意识观点的一个证据。
通过这些文字，我们可以看出她在促使自己去犯罪，并为
自己的行为寻找托词。当我主张合作并培养对他人的兴趣时，

总是会听到这样的说法："可别人对我没有兴趣呀！"而我会这样回答："总要有人开头。如果别人不愿意跟你合作，这不是你的事。我认为你得自己先开始做，不要去在乎别人是不是愿意合作！"

（3）N. L. 是长子，欠缺教养，有一只脚残疾，代替父亲管教他的几个弟弟。这种关系是一种优越感的目标，初看时，它很像是有用的。但这种关系也有可能是一种骄傲与炫耀的需要。后来，他把自己的母亲赶出家门去乞讨，对他母亲这样骂道："滚蛋，老狗！"对这个孩子我们感到悲哀，他甚至对自己的母亲都毫无兴趣。要是能知道他有过一个怎样的童年，我们就可以知道他为什么会发展到这样的地步。他已经失业很长时间，没有任何收入，还染上了性病。有一天他出去找活干，没找到。后来在回家途中，他责备弟弟乱花钱，结果发生了争执，他杀死了弟弟。

我们可以由此看出他的合作的极限——失业、没有钱、有性病。每个人都有一个合作的极限，一旦超出这个极限，合作就会无法继续。

（4）一个被收养的孤儿，收养他的养母对他娇宠到令人难以置信的程度。他因此成为一个被过度溺爱的问题孩子。他后来的成长经历非常恶劣——热衷竞争，总想要超过他人，并给人造成深刻的印象。而他的养母鼓励他，并且爱上了他，结果他成了一个骗子和诈骗大师，不择手段地骗取钱财。他的养父母是贵族后代，他因此把自己打扮成一个贵族，花光了他们的钱，最后把养父母赶出家门。

正是不良教养和宠爱让他不务正业，并让他选择诈骗作为解决生活问题的唯一手段。他把所有人都当作是欺骗的对象。他的养母为了爱他，完全不顾自己的丈夫和亲生儿子。这种情形使得他认为自己不可能通过正当途径和手段获得成功，这又显示出他的自卑来——过分地低估自己。

我们指出过，每个孩子都不应该遭受这类让人失去信心并且对合作伤害极大的自卑感的伤害。在开始生活之前，没人是注定会失败的。所有罪犯都做出了错误的选择，他们用错误的方法和手段去面对生活。我们需要做的是，帮他们指出他是从何时开始、在什么阶段采用的这种方法，我们还要鼓励他们尝试对他人产生兴趣并去合作。假如人们能认清犯罪行为是懦弱的，并不是勇敢，那么，我相信罪犯就会失去最有用的为自己辩护的理由，如此就不会有孩子愿意走上犯罪之路了。所有的犯罪案例中，无论那些描述是不是完全准确，都能看到儿童时期的错误生活方式的影响，这些方式都缺乏合作。我想要说的是，合作的意愿与能力是后天训练的结果，跟先天遗传毫无关系。但这不是在否认合作的潜能是天生的，正是因为每个人都具备这种潜能，那么要使它展现，就需要后天的训练来开发。我认为其他那些关于犯罪的观点都是没必要的，除非我们能找到精诚合作的人却同时又是罪犯的例子。至少我从没遇到过这类人，也没有听说有谁遇到过。预防犯罪的最好办法就是适度的合作。只要这一点还没被认清，想要避免犯罪造成的悲剧就是不可能的。

要像教地理课一样教导孩子们去合作，因为它是一种真理，只要是真理，就是可以传授的。无论是成人还是儿童，只要还没做好准备，让他们去参加地理考试就必然会失败。同样的道理，无论是成人还是儿童，如果没有做好准备，就让他们进入到一个需要合作的领域接受考验，那也只会一败涂地。

我们遇到的所有问题都表现了合作的不可或缺。在这里，我们对犯罪问题的科学探讨已经到了最后阶段。现在我们需要的是拿出勇气，敢于面对现实。人类经过了千万年至今仍然找不出应对这个问题的正确方法。所有那些曾经被用过的方法看上去都没有什么效果，犯罪的悲剧至今还是与我们如影随形。我们现在找到的关于这种现象的原因：一直以来我们都没有去企图改变罪犯的生活方式，并预防这种方式的产生。正因为缺少了这个，才导致任何方法都无法解决问题。

我们来回顾一下我们得出的结论。我们发现，罪犯并非特殊的人类，他们跟我们每个人一样，他们的行为也是人类行为的合理产物。这是一个非常重要的发现，一旦了解到犯罪行为本身不是孤立的事件，而是生活态度出现的病态，如果我们能找到导致这种态度产生的根源，而不是将其视作无法解决的，我们就能信心十足地来对其加以改变。

我们的发现告诉我们：罪犯已经习惯不合作的思想与行为很长时间了，这要追溯到他们的童年，主要是四五岁时。正是在这段时间，他们开始对他人失去兴趣。我们已经描述过造成这种现象的原因，还有他们父母、同伴以及周围存在的社会偏见，和环境导致的阻碍等等，这些因素关联到了一起。他们最典型的共同点就是缺乏合作精神，缺乏对他人以及对全人类的幸福的兴趣。如果我们想要做点什么来帮助他们，就需要从培养他们的合作精神入手。除此之外，看不出还有别的什么办法。合作才是症结所在。

跟失败者不同的是，罪犯在被长期反对后，已经失去了对自己正常工作和生活的信心，但他们还保持着一定的活动能力，只是把它投向了别的不正确的方面。他们在这些方面是非常活跃的，而且也能跟自己的同伙相互合作。这点是跟那些精神病患者、那些自杀的人，还有酗酒者不一样的地方。不过他们活动的范围很狭小，很多时候他们的活动仅仅局限在犯罪领域，一次次犯下同一种罪行。他们生活在自己的世界里，并把自己禁锢在里面。至于勇气的丧失是不可避免的，因为勇气正是合作的一部分。

罪犯的思想与情绪日夜都集中在犯罪策划上。他们醒着时会计划，梦里则清楚自己残余的社会归宿感，而且还一直都在想办法减轻自己的罪恶感，为自己的行为寻求理由。想要打破社会归属感的厚墙并不容易，它的抗拒会非常顽强。但他想要犯罪，就总能找到办法——也许是回忆自己受到过的冤屈，或者是培养自己的仇恨——来克服。这也能帮助我们了解为什么罪犯总是在不断寻求对环境的解释来坚定自己的态度，也能帮助我们了解跟他辩论为什么总是没有结果。他以自己的观点看待世界，对自己的那些论点已经准备了一生之久。如果无法知道他的这种态度是如何得来的，我们就根本没办法改变他的态度。好在我们有一种他抗衡不了的武器，那就是我们对他人的兴趣。正是这样的兴趣使得我们能找到问题的症结所在，并想出办法帮助他。

在筹划犯罪时，罪犯们常常是身处困境中，他们没有勇气来用合作的方式面对，却强烈地想要找出解决的办法。这样的情况最容易发生在比如缺钱这种时候。像所有人类一样，罪犯也一样追求安全感和优越感，也一样希望能解决问题，克服障碍。问题在于他们的追求是在社会规则之外，是一个想象出来的个人优越感目标，获得这种优越感的最常见方法就是让自己感觉成为警察、法律以及社会组织的征服者。对法律的破坏，成功地逃避警察并且最终能不受到惩罚，是他们最喜欢的游戏。例如，当罪犯使用毒药毒害人时又没有被抓住，他就会认为这是自己了不起的成就，他会因此一次次继续干下去，欺骗自己不会被发现，直到最终被抓获。而被抓获后他想得最多的大概是："要是我能再聪明点，警察就抓不住我！"

上述事实告诉我们，罪犯拥有强烈的自卑情结。他逃避需要付出劳动的环境以及那些需要与人合作的生活与工作。这是因为他认为自己不具备能力去获得成功。而他不喜欢与人合作的习惯加大了他的困难，这也是为什么大多数罪犯都出自非技术性的普通劳工的原因。他为自己找到一种优越感，用以掩饰自己的自卑感。他一直这样想，想象自己是勇敢的、是优秀的，并最终让自己相信就是这样。但我们可以把生活中的一名逃兵看作是英雄吗？罪犯实际上是生活在幻觉里的；他完全不知道现实的真面目；他尽力让自己回避现实，否则就得放弃犯罪生涯。因此他会一直这样想"我是最强大的，谁都不在我眼里，我可以想打死谁都行"或者"我比谁都聪明，我干坏事总能逍遥法外"！

　　我们也知道了，那些在生命最初的一年里心理承受了过大压力，以及那些被过度溺爱的孩子怎样走上了犯罪道路。那些生理缺陷的儿童需要特殊照顾，以便让他们适应社会、认同社会。被忽视、不受欢迎的儿童也都会处在类似的情境下：他们没有合作的经历，也不知道合作能让他人接受自己，能给予他们情感上的认同。而那些被过度溺爱的孩子通常都没有人告诉过他们要依靠自己去获取想要的东西，他们习惯于每次提出要求，就会有人马上满足自己。这样的结果是，他们认为这就是生活的本来面目，一旦得不到，被拒绝，就会认为自己受到了不公待遇，从而拒绝合作。从每个罪犯身上，我们都可以追溯出他们拥有这样的历史。没有人在合适的时期训练过他们，他们不具备合作的能力，遇到问题也不知道如何应对。鉴于此，我们该知道自己要做些什么，那就是训练他们的合作意愿与能力。

　　目前我们已经掌握了足够的知识，也有了足够的经验。我确信，个体心理学已经告诉我们如何改变一个罪犯。但问题是，想要一个个地找出罪犯来，然后加以矫正，改变他们，是一项多么艰巨的工作！很不幸的是，在我们的文化中，大部分人在自己的困难达到某种限度后，就会完全丧失合作能力。这就是在困难时期犯罪率会大幅度上升的原因。因此，我知道，要想用这种办法来消灭犯罪，就要改变我们全体人类大部分的东西。因此，我不得不这样断言，想要把每个罪犯或潜在的罪犯都改造成遵纪守法的人，是一件不可能完成的事。

但这并非说我们就束手无策，我们能做的还有很多。即使我们不能改造每一个罪犯，至少我们能采取一些措施，来减轻因其能力不足应对生活问题的压力，例如开展失业培训以及职业培训等，帮助尽可能多的愿意工作的人找到工作，以这种方式来降低社会的生活压力，让更多的人能得到合作的机会。如果能做到这点，犯罪案件必然会有所减少。对我们这一代人能否减少人们受到的经济困扰我不清楚，但我们应该朝着这个方向努力。尤其是给予孩子们更好的职业培训，让他们能更好地去面对生活中可能面对的各种压力，获得更大的发展空间。对此，我们至今已经取得了一定成绩，我们还可以做得更好。

尽管我不相信可以矫正每一个罪犯，但我相信我们能从整体上帮助他们。例如，我们可以与很多罪犯交流，和他们讨论有关问题，就像在这里提到的这些问题。可以采取提问的方式来促使他们回答，以此来让他们认识更多可能，帮助他们认识到自己与社会的本质，让他们抛弃自己对世界、对生活错误的个人解释，还有他们对自己的过分低估；应该告诉他们不要限制自己，消除他们对自己必须面对的环境和社会问题的恐惧。

就此，我敢断言：通过这样的集体矫正，我们一定能取得很大的成功。

　　尽量清楚那些对贫困人群和罪犯成为障碍的事物，减少社会的贫富不均是必须要做的事情，贫富的过度不均导致底层人民的不满，促使他们想要改变自己不利的地位。一个社会不能只让少数人拥有大部分的财富而挥霍无度，大部分人却生活艰辛。在对问题儿童的矫正工作中我们发现：把考验作为对他们的挑战是不可取的，因为这样的结果只会是让他们觉得自己受到了环境的挑战，他们就会坚持去应战，而不会改变自己的态度。罪犯也是一样。在全世界我们都能看到，警察、法官，包括制定的法律，都是基于向罪犯发起挑战目的的，这样就激起了罪犯的集体对抗心理。威吓是无用的，如果换一种方法，比如尽可能地保护罪犯的隐私，让他们觉得自己还有可能改变自己，那就要好办很多。我们不能继续认为严厉制裁或者采取怀柔政策能改变罪犯，只有他对自己有了深刻的了解，才能做出改变。我们应该采取人道主义政策，放弃单纯惩罚能达到效果的念头。事实告诉了我们，单纯的惩罚只能增加对抗，有些罪犯即使是坐在电椅上，也还是会认为自己仅仅是不够谨慎、不够聪明才被抓住了的。

　　同时，我们还应该找出那些应该对犯罪负责的人，这对改造罪犯的工作大有好处。我的调查告诉我，有 40% 以上的犯罪行为没有被侦破，这无疑大幅度地降低了犯罪的成本。这方面目前已经有所改进，而且我们努力的方向基本是正确的。有一点需要强调，那就是——不管是在监狱中还是出狱后，我们都不该羞辱罪犯。

尽管我们做了很多事情，也取得了很多成绩，但仍然没能让犯罪大量减少。好在我们还有可以做的，那就是训练培养我们的孩子们，教给他们合作之道，激发他们对社会、对他人的兴趣。这样做对减少犯罪的帮助非常大。因为这会使孩子们在成长过程中学会更多地去寻求他人的合作，遇到问题不至于轻易就丧失信心而退缩。在不久的将来，当他们长大后，我们的社会会拥有更多乐于合作、热心社会的人。要知道大部分罪犯最初开始犯罪时，通常都是在他们的青春期，大约在 15 岁到 28 岁这个年龄段，犯罪率最高。就此而言，我们的努力方向是完全正确的，也一定能取得好的效果。同时，我相信具有良好修养的孩子也会影响他们的家庭。独立、乐观、具有远见，各方面发展健康的孩子是父母最好的安慰与帮助。当合作精神在全世界都蔚然成风时，人类的文明程度就会达到一个新的高度，但不应该忽视，在影响我们的孩子时，也要影响我们的教师。

最后的问题是该怎样选择出击点，用什么方法来培养儿童未来的各种能力。训练所有的父母？不对，这并不能帮助我们很多，因为父母都是难以把握的，最需要得到训练的，恰恰是那些最不愿意和我们见面的父母。但我们没办法接近他们，也就根本不可能帮助他们。那么是不是把儿童都集中起来，监督他们的成长？看起来这也不会更好。我想有一种我们能做并行之有效的方法，那就是利用教师来推进对儿童的培养工作，训练教师学会怎样纠正儿童在家中养成的不好习惯，发展他们的社会兴趣以及对他人的需要。这是学校的发展方向。正因为家庭无法承担培养后代应对将来社会生活的所有能力，人类才设立了学校，来作为家庭的补充。那我们为什么不利用学校来培养发展人的社会性、合作精神呢？

　　我们的一切活动都是基于下列的理由：在现代文化中所享有的各项利益，都是来自大多数人共同的奉献。假如每个人都不合作，都对他人不感兴趣，而且不想对社会有所贡献，那么人类的生活将会是一片荒漠。我们应该让儿童们知道，只有懂得奉献的人，才会得到他人的爱戴，才会被记住。当我们的儿童懂得合作、奉献，并且乐于合作、奉献，他们才有足够的力量来面对可能出现的任何困难。

第十章　职业

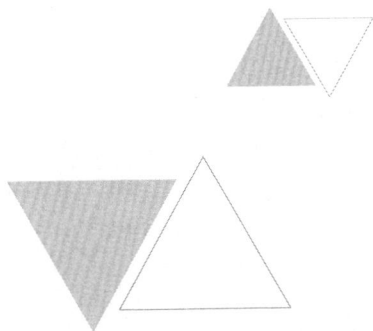

......我们要想解决自己的职业问题，就必须在人类的分工合作中找到属于自己的合适位置，并把为他人谋取幸福作为前提。

1. 人类生活的三个问题

　　人类的三大限定构成了人类生活的三个问题。这三个问题是紧密相关、无法分别解决的。其中的任何一个问题的解决，都依靠对另外两个问题的解决。第一限定构成了工作问题。我们生活在这个星球上，我们能拥有并加以利用的只能是这颗星球固有的资源。如何开发利用这份资源，一直都是人类最主要的工作，也是人类至今也没能很好解决的问题。每一个时代，人类都会找到符合那个时代的解决方法。但如何更好地利用有限资源，还需要人类继续不停地寻求更好的解决方法。

　　想要解决第一个问题，就必须依赖于第二个问题的解决，那就是人类是一个整体，相互之间必须发生联系与交往。如果有一个人是独自居住在地球上的，那么他的态度和行为一定不同于现在。和这样一个孤独的人相比，我们生活在我们的种族群体中，我们必须随时随地都跟他人发生联系，这是无可回避的，每个人都必须对他人感兴趣。对这个问题的解决，最好的方法就是拥有友谊、社会归属感、合作。这个问题解决得越好，第一个问题的解决也就越容易。

　　由于人类学会了合作，才有了社会的分工。这构成了人类幸福的一大前提与主要保障。如果有人拒绝合作，也不愿利用前人的成果，只想凭借一己之力在地球上生活，人类的生命的延续就是不可能做到的事情。分工使得我们可以利用各种手段组织起来，共同谋取生存的利益，保证我们的安全，也才可能让大多数人分享到成果。我们不能自欺欺人地认为我们的发展已经尽善尽美，更不能假装我们的分工制度已经发展到了最合理的程度。但我们要想解决自己的职业问题，就必须在人类的分工合作中找到属于自己的合适位置，并把为他人谋取幸福作为前提。

有些人想逃避工作问题，要么根本不工作，要么游手好闲。但我们总能发现，他们一方面躲避这一问题，另一方面其实同样需要得到同伴的支持。不管怎样，他们生活在别人的劳动成果上，没有做出自己一分一毫的贡献。这就是被宠坏了的孩子的生活方式，一旦遇到问题，他们就要求别人帮忙解决。阻碍人类合作，并将不公的重担加到那些积极解决生活问题的人肩头上的，主要也是那些被宠坏了的孩子。

第三个限定是人类的性别。一个人要么是男性，要么是女性，除此之外不可能存在别的性别。人类物种的延续取决于两性间的合作，只有在合作中性别的角色才能得以实现。两性关系也是一个问题，而且它同样是不可能被孤立解决的。要想成功地解决爱情和婚姻问题，不仅需要一个能对共同福利做出贡献的职位，还需要建立与其他人的友好关系。在我们这个时代，对这个问题最有效的解决办法，也最符合现代社会的分工制度的解决方法就是一夫一妻制。一个人对这个问题的解决方法，是最能看出其合作程度的。

这三个问题决不会单独出现，它们总是缠绕在一起，并且对一个问题的解决总有助于另一个问题的解决。因此我们要说，它们是同一环境下同一个问题的不同方面。这个唯一的问题就是，人类必须在他了解了自己的环境中保存生命，延续生命。

在此我要强调一次，承担着人类分工中最重要的母亲职责的女性，应该也必须在人类分工中占有崇高的地位。如果母亲对自己子女的生命抱着浓厚的兴趣，努力想要让他们成为健全的公民，并努力拓展子女的兴趣，教导他们获取合作之道，那么她对人类的贡献将会是巨大的。而在我们的文化传统里，母亲的价值被严重低估，甚至被看作是没有任何吸引力、没有什么尊严的工作。母亲作为人类社会分工的一员，从事这一职业的女性得不到尊重，她们在经济上不得不仰人鼻息，殊不知对于家庭，母亲的作用绝不亚于父亲。

2. 职业的早期选择与训练

母亲是第一个影响子女社会兴趣发展的人。在人的生命最初的四五年所接受的训练和努力，对他们的未来有着决定性的影响。每次当有人请我做职业辅导时，我总是会问他最开始的情形，还有他在第一年是用什么思想来训练自己。对于最初记忆的重要性，我还会回头谈起。

训练的第二步骤由学校执行。我相信我们的学校现在正在逐渐增加对学生未来职业发展的关注，开始训练他们的手、耳和眼等官能的功用。这些训练和一般学科同样重要，但也不要忘了一般学科对儿童的职业发展的重要性。我们经常听人说起，他们离开学校后的生涯中早已忘了在学校学的拉丁语或法语等，但开设这些课程仍有其必要性。过往经验告诉我们，这些科目对于开发儿童的心灵有着很好的效果。有些新式学校现在很注意学生的职业培训和工艺技能的学习，这是一种很好的提高学生经验与能力的方法。

如果能在儿童时期就确定了自己未来的职业兴趣，这会使一个人的发展变得简单很多。当我们问一个孩子未来的志向时，他们大多会给出一个回答。这样的回答基本都是没有经过深思熟虑的，当他们说自己将来想当一名飞行员或者司机时，其实他们并不知道自己为什么要选择这种职业。而我们的工作就是找出背后的动机，从而发现他努力的方向、推动他的力量还有他们优越感的目标和要怎么做的具体想法。他们的回答只是告诉我们，在他们的心里，某个职业是他最喜欢的。但从这种选择上，我们能够帮助他们找到实现别的目标的机会。

在十二三岁的年龄段，孩子通常都开始清楚自己将来会从事的职业，要是到了这个年龄，一个孩子还不能清楚地知道自己想要从事何种职业，那就该为他感到悲哀了。表面看起来的缺乏对未来的雄心，这并不意味着他对任何事都不感兴趣。他很可能野心勃勃，却缺乏足够的勇气表达出来。这时候就需要我们来帮助他找到他的主要兴趣和受到过的训练。一些孩子在16岁高中毕业时，对自己未来的发展仍然拿不定主意，而且往往他们还是一些很优秀的学生。我们通过观察发现，这都是一些拥有雄心壮志的孩子，但不太愿意与人合作。他们还没有找到自己在社会分工中的合适位置、该走的途径，自然就难以找到具体实施的方法。因此，早点询问孩子对自己未来职业的希望，是很有益的。我就经常在学校对学生提出这类问题，目的是引导孩子们去思考这个问题，不要忘记或是隐藏自己关于这个问题的答案。我还会问他们为什么会选择这个职业而不是那个，他们一般都会很坦率地告诉我。在孩子们对自己未来职业的选择上，我们能看出他们的生活态度与模式。一个孩子会告诉我，他努力的方向跟他所认为的最有价值的东西是什么。我们必须要让他自己去选择他认为最有价值的职业，因为我们无权去决定职业的高低。只要他能踏实地做好自己的工作，能致力于奉献自己，那么无论从事的是什么职业，一个人的价值跟所有人都是一样的。他需要做的就是训练自己，寻求对自己的支持，以便在分工制度的构架中找到自己合适的位置。

有些人无论选择哪种职业，都不会感到满意。他们所缺乏的不是职业，而是能保证其优越地位的捷径。他们不愿去面对人生的问题，因为他们觉得生活根本就不该对自己提出这样的问题。这些都是被过度溺爱的孩子，他们习惯于接受他人的帮助。也许有一些男女对自己最初摸索出的方向真正感兴趣，但因为经济或者其他因素，比如父母的反对等，他们被迫选择其他方向，去从事自己不感兴趣的一个职业。这同样能证明儿童时期的训练的重要。如果能从一个人的最初记忆，发现他对视觉事物感兴趣，我们就可以推测他适合于需要大量使用视觉的工作。在职业辅导中，最初记忆是不应该被忽视的。有时候某个孩子也许会提起某个人对自己说过的话，也可能是风声、铃声等，我们就可以以此判断他属于听觉型，适合从事与声音有关的职业。另外一些孩子对动作很敏感，也有很强的动作能力，他们热爱运动，适合从事户外或旅行之类的工作。

人类最常见的努力之一就是对家庭其他成员的超越，尤其是对父母的超越。这是一种非常有价值的努力，我们喜闻乐见青出于蓝而胜于蓝。而且一个孩子想要在自己父亲的行业胜过父亲，他父亲的经验就是他最好的起点。

只要仔细观察儿童就不难发现，儿童会在游戏中训练自己从事某种成年生活的职业，比如有个孩子想成为教师，他就会带着一群孩子玩上课的游戏。孩子的游戏能让我们看出他的兴趣所在，但有些人认为，我们不该鼓励他们对游戏的兴趣，就像给一个喜欢玩当妈妈的游戏的孩子洋娃娃，会使之脱离现实。实际上，这些人不理解，喜欢玩当妈妈的游戏的孩子是在训练自己做母亲。孩子应该尽早开始自己关于将来的职业的训练，否则就会让孩子的兴趣过早固化。一个孩子喜欢机械，那就满足他的爱好。

也有一些人不愿成为领头羊，他们的主要兴趣在于找到一位领袖去仰望，找到一位可以追随的对象。这种行为不值得鼓励，最好能打消这种被动倾向。如果在童年时期他的这种行为无法制止，那他在往后的岁月里将无法挑起领袖的职责，而总是会去选择下级职员的位置。在这种位置上，他们的一举一动都有章可循。

一个无意间遇到了死亡等事件的儿童，会对这样一些职业感兴趣，比如医生、护士等。我相信他们的努力是值得鼓励的，因为拥有这种兴趣并很早就开始训练自己的孩子，会非常热爱自己的职业。有时候死亡事件带给他们的经验能以别的方式得到补偿，有些希望通过艺术等来得到永生，有些则献身宗教。

逃避工作、漫不经心或是懒惰等错误倾向也都开始于早期。碰到这些日后必将遭受挫折的孩子，我们应该用科学的方法找出其错误的成因，并用科学手段去帮他们纠正。如果我们生活在一个可以不劳而获的应有尽有的星球上，懒惰或许是一种美德，勤劳反倒会成为罪恶。但就目前我们和地球的关系来看，符合逻辑并运用常识得出的结论是，我们应当工作、合作并奉献。人类凭直觉就认识到了这一点，现在我们从科学层面证实了它的必然性。

这种从儿童时期就开始的训练，在那些天才身上最为明显。我认为，天才现象将有助于了解这一题目。只有那些对人类的共同利益做出过卓越贡献的人才被称为天才。无法想象一个没有为人类留下任何贡献的人，会被看作是天才。荷马在他的诗篇里只提到过三种颜色，他用这三种颜色描述了所有色彩的差异。这就是说在荷马时代，人们注意到了色彩的更多差异，但这样的差异不足为道，因此荷马会忽略它们，没有为其命名。是谁教会我们分辨色彩，让我们能称谓它们？一定是艺术家们的功劳。作曲家也曾把人类听觉的精细度提高到一个很高的水准。现在我们之所以能使用和谐的音调代替原始人单调的音乐，都是音乐家们的功劳。是他们浇灌了人的心灵，教我们怎样训练自己的器官功能。正是那些诗人教会了我们拥有心灵的深度，让我们文明优雅。诗人们润泽了我们的语言，扩展了语言的范围。天才一定是人类中最愿意合作的人，这是毋庸置疑的。这种合作能力主要是从他们整个生命历程中展现出来的。他们的工作难度极大，遇到的困难非常多，因此看起来他们并不是很需要合作。给我们印象最深的是他们在儿童时期就开始磨炼自己，他们的兴趣很早就确定下来了。由这种早期训练我们可以认为：他们的成就和天才，是他们自己努力的结果，而不是来自先天的遗传。

早期努力是今后成功的最坚实的基础。假设我们让一个三四岁的小女孩单独玩游戏，她开始为自己的娃娃缝制帽子。

我们看到她工作时，可以告诉她这帽子多么好看，并提些建议让帽子更漂亮。小女孩受到鼓舞和激励，就会加倍努力并提高自己的技能。但如果我们对女孩说："别碰针,你会戳到自己的!你根本没必要缝制帽子，我们可以出去买一顶好得多的。"她就会放弃努力。对比两名女孩往后的发展，我们会发现，第一位女孩不仅培养了艺术品位，对工作也发生了兴趣；而第二位女孩则不知道自己该干些什么，并且认为反正买的总比自己做的好。

3. 对待职业的态度

如果一个家庭过度强调金钱的作用，孩子就会以收入的多寡来看待职业。这是一种错误的导向，因为这样的孩子并不是遵循着能对世界有所贡献的兴趣。当然任何人都需要生活，而且忽略这点的人还会成为他人的负担。但一个只对金钱感兴趣的人必定有悖于合作之道，他们只知道追求自己的利益，会失去对社会的兴趣。这样的话，他就没有理由不去用抢劫或诈骗等手段获取钱财。就算没到这种极端的地步，他的目标里也包含了少量的社会兴趣，即使他腰缠万贯，也对这个社会没有多大用处。在我们这个时代，致富之道千差万别，就算是不正当的手段，也经常能让一个人一夜暴富。对此没必要惊讶，我们不能保证正直善良的人一定就能成功，但我们相信他能保持勇气不衰，有尊严地活着。

职业有时候可以用来作为逃避爱情和社会问题的借口。在我们的社会中，总是有一些人利用事业很忙为理由来回避爱情与婚姻。但更多时候，我们发现它仅仅是一种掩饰自己失败的借口。一个狂热献身事业的人，可能会想：我可没时间在婚姻上浪费，因此我不该对它的不美满负责。而对那些精神心理疾病患者来说，爱情和社会是他们竭力想要逃避的两个问题，要是不逃避，他们就会用错误的方式对待异性。这样的人很少有朋友，对他人也不感兴趣。他们会把全部精力放在工作上，日思夜想的全都是与工作有关的事情。长期的紧张会导致他们患上诸如胃病之类的疾病。然后，这些疾病又会成为他们逃避爱情与社会的借口。还有些人经常变换自己的职业，一直都觉得自己找不到合适的职业。他们游移不定，最终一事无成。

至于问题儿童，我们首先要做的是找到他们的兴趣所在。这样才会使得我们能更容易地去鼓励他们培养自己的整体性。对于那些还没找到自己的职业，或者是在职业上失败了的中年人，我们也应该找出他们的兴趣所在，一方面给予他们适合的职业辅导，另一方面帮助他们寻找就业机会。在一个人人都热衷于合作的社会，这种找不到自己适合的职业，因而游移不定、最终一事无成的现象是不应该存在的。因此我相信，每个了解合作的重要性的人，都应该努力去消除失业现象，让每一个愿意工作的人得到工作机会。我们可以增加职业学校、技术学校以及成人教育来帮助就业的发展。很多失业者都没有掌握一技之长。他们中间有很多人也缺少对社会生活的兴趣。

我们的社会有一些不学无术和一些对共同利益不感兴趣的人，他们是人类社会的一个负担。这类人自认为是屈居人下、不如别人，因此我们不难理解为什么罪犯、精神病患者和自杀者很多都是文化水平不高的人。他们因为缺乏适当的训练，在各方面总是落后于人。我们必须给我们的孩子以最好的训练，这是一件不仅仅父母、教师，而且是所有有志于人类进步的人都该参与的事情，用以保证孩子们未来能在社会分工制度中获得一个属于自己的位置。

第十一章　个体与群体

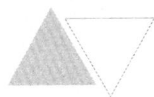

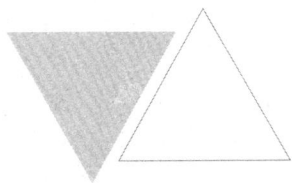

只有对他人感兴趣，并乐于合作，才能使得人的各种能力得到最大的开发。人类的几种基本功能——说、阅读、写，无不都是人类之间合作的结果。语言本身就是人类共同创造出来的，也是社会兴趣的产物。

1. 人的群体性

人类最古老的奋斗目标之一，就是与其同类建立起友情。正是因为对同类的兴趣，人类才能得到进步。对他人的兴趣从来都是不可或缺的，这一点在人类的家庭关系中尤其明显。回溯历史，不难发现，人类在家庭中的团结倾向。原始部落都有着自己共同的图腾符号，这种符号存在的目的就是使部落成员凝聚到一起。一个部落的符号可能是蜥蜴，另一个部落的符号可能是水牛或者蛇。共同的崇拜使人组成群体，他们居住在一起，彼此合作，情同手足。开始于原始时代的这种习惯是人类合作天性养成的主要因素之一。在那个时代的宗教节日里，人们聚集起来，一起讨论收获以及防卫问题，如何避免灾害等。这就是最初的宗教祭祀行为的真实目的。

婚姻被视为涉及群体利益的事务。在部落时代，拥有同一种图腾的男性必须遵守部落规定，不能在所属部落之外寻找配偶。婚姻并不是私人事务，而是全体人类在精神和心灵上都参与其中的共同责任。在婚姻中，婚姻的双方都必须负起家庭的责任，这是整体社会所要求的。社会希望生育更多健康的后代，并以合作的方式抚养。鉴于此，每一个婚姻组合中的人，都必须乐于合作。在原始时代，社会用共同的崇拜还有复杂的社会模式来对婚姻进行制约，这在今天看来也许很可笑，但在那个时代是至关重要的。而它的真正目的就是为了共同的利益。

很多宗教的教诲都有一条"爱你的邻居"。这是又一种加强人类合作的努力。从现代科学的立场来看，这种努力的价值是一目了然的。那些被过度溺爱的孩子会这样问："为什么我要爱我的邻居？他们为什么不先来爱我？"这句话显示出他对合作缺乏了解和兴趣，以及他的自私自利。那些生活中遇到的最大困难，而且做出损人利己之事的人，就是对他人不感兴趣的人。人类所有的失败者都是来自这类人。各种不同的宗教都是在以自己的方式鼓励合作。在我来看，任何人类的努力，只要是把合作当作最高目标，我就赞同。争执、批评、贬低对方都是不可取的，没有谁握有绝对真理，通向合作的终极目标的道路也不止一条。

2. 人的社会性

在政治上，我们知道，有很多种政治制度本质上都是可行的，但如果缺少了合作精神，那无论什么人来执政，都将一事无成。所有政治家都必须以人类进步为终极目标，而人类的进步必然意味着更高程度的合作。在判断哪位政治家、哪个政党能真正带领群体和社会走上进步之途时，我们常常很难做出判断，因为每个人都是在以自己的生活方式作为标准。但如果一个政党能让它的成员彼此有着有效、亲密的合作，我们就可以认为这个政党的政治行为是真正符合群体的利益的。在国家的行为上同样如此。如果执政者的目标是培养儿童成为良好的公民并增强他们的社会责任感，使他们尊重自己社会的传统，爱自己的国家，且能按照他们认为最理想的方式改变或执行法律，我们就不该存在质疑。

在学校，班级的活动也属于团体的合作行为，其目标也是为了促进人类的进步，所以一定要避免偏见。因此，所有的运动都应该以它能增强我们对同类的兴趣为标准来判断其价值，这样我们会发现，有益于增强合作的方法非常多。各种方法或许存在着高低之分，但只要目的是增强合作，就不应该因为某种方法的效果不是最好的，就批评和不认可。

3. 人的利己性与合作障碍

我们反对的是只问收获、不进行耕耘的自私自利的人生观。这种人生观无论是对团体还是个人利益，都会成为最大的破坏因素。只有对他人感兴趣，并乐于合作，才能使得人的各种能力得到最大的开发。人类的几种基本功能——说、阅读、写，无不都是人类之间合作的结果。语言本身就是人类共同创造出来的，也是社会兴趣的产物。了解对方当然是合作的事情，并非私人的所有。了解就是得知他人的所想所感，正是在这样的共同性上，我们和他人之间产生了关系，并形成共有的价值与意识。

有些人过度追逐个人利益、寻求个人的优越感。他们给生活赋予私人意义，在他们看来，人只为自己而活。但这并非共识，这是一种任何人都无法接受的观点。我们发现，这样的人无法与人类伙伴建立关系。我们还发现，那些只对自己感兴趣的人，经常能看到他们表情中的卑鄙与空虚。这样的表情也能在那些罪犯和疯子的脸上看到。他们不会用眼神与人交流，各自也有着完全不同的世界观。有时这类儿童或成人甚至不愿对自己的同类多看一眼，只会转移视线，看向别处。在很多精神心理疾病症状中，也可以看到这种与人交往的失败，具体的症状有口吃、脸红、阳痿、早泄等等。这些都是对他人兴趣缺失造成的。

最严重的自我孤立体现为精神病。但如果能激起这类病人对他人的兴趣，也并非不可治愈。这类人与他人间的距离最为遥远，也许只有那些自杀者才能与之媲美。因此，想要治愈这些病人需要极为高超的技巧，而且是一种很容易失败的技术。我们首先要赢得病人的合作，只有耐心与仁慈、最为友善的态度才能获得病人的接受。曾有人请我尽力救助一名早发性痴呆的女孩。她的病史已经有八年，最近这两年都是在一家收容所度过的。她像狗一样叫，到处吐口水，撕烂自己的衣服，还想吃下自己的手帕。这些症状让我们看出，她对身为人类毫无兴趣。她扮演狗的角色，我们能了解这种行为的动机。她就是觉得自己的母亲对待自己像对待一条狗，很可能她是在说："人见得越多，我就越想当一条狗。"我跟她一连说了八天，却没得到一句回应。我没有放弃，继续跟她说话，直到 30 天后，她才开始含混不清地回答我。我成了她的朋友，她因此受到了鼓励。

这类病人即使受到鼓励有了勇气，但还是不知道该怎么做。他们对同类的抗拒过于强烈。他们获得一定的勇气后，还是无法正常地与人合作，我们能够预测他们的行为。他们的行为很像问题儿童——会做出各种恶作剧行为，打烂任何能够接触到的东西，攻击监护人。在第二次跟这个女孩交流时，她打了我。我不得不重新考虑如何应对，而唯一让那女孩想不到的就是不进行任何抵抗。这个女孩的外形可以想象出来，她的体格并不是很强壮。我让她打我，却还是亲切地看着她。她完全没料到我会这样，她的敌意很快就消失了。可是她仍然不知道如何支配自己苏醒过来的勇气。她砸碎我的窗户，玻璃划伤了她的手。我没有责备她，只是帮她包扎了伤口。对这类暴力的通常做法，比如将她锁在房间里等这是错误的。如果想要赢得这个女孩的合作，我们必须用别的方法。通常一般人都会以正常人的行为方式对待疯子，这是完全错误的。因为精神病患者不会像正常人那样反应，他们不吃饭、撕破自己的衣服等等，那就让他们去好了。我们并没有别的办法能帮助他们。

这以后，女孩康复了，她健康地生活了一年。某天我去拜访那所她曾待过的精神病院，在路上遇到了她。

她问我："你要到哪里去？"

"跟我来，我要去你住过两年的那家收容所。"我回答她。

我们一起到了那家收容所找到以前为她治疗过的医师，请他在我为其他病人做诊断时，陪她说会话。可当我回到他们身边时，这位医师怒气冲冲地对我说："她这是完全好了，可有件事让我非常生气。她一点儿都不喜欢我！"

那之后，我断断续续地和这个女孩保持联系达十年之久。她一直都靠自己的努力健健康康地生活着，跟同伴们的关系很好，没人相信她曾有过精神病。

妄想症和忧郁症是两类最容易看出和他人之间有距离的病症。妄想症患者指责一切人，他们认为所有人都在合谋与自己作对。而忧郁症患者指责的则是自己，比如"是我毁了整个家庭"或是"我一分钱都没了，我的孩子只能饿死"，虽然指责的是他们自身，但目睹他们表演的却是别人，他们其实是在指责他人。

例如，一名相当有地位和影响力的女性遇到一次事故后，无法再继续她的社交生活。她的三个女儿都已经结婚成家，这让她觉得十分孤独。几乎同一时间，她又失去了丈夫。之前她习惯了受人尊重，现在则竭力想要找回失去的一切。于是，她开始出国旅行。然而，她感到自己不再像以前那么举足轻重了，终于在国外旅游期间患上了忧郁症。忧郁症是对处在她这种环境下的人的一种严峻考验。她发电报让女儿们来看她，她们却都有借口，一个都不来。等她回到家中，嘴里一直念叨的话就是，我的女儿们都对我很好。她的女儿们让她独自生活，请了位护士来照顾她，而她们只是隔段时间来看看她。实际上她那样说自己的女儿，是一种控诉，这一点所有了解她的人都清楚。忧郁症是对他人无休止的愤怒和责备，由于想要获得关心、同情和支持，只好为此对自己的表现表示痛心疾首。忧郁症患者的最初记忆经常会是这样："我记得我想躺在沙发上，但哥哥先躺上去了。我拼命哭闹，他只好让给我了。"

忧郁症患者还有用自杀作为报复手段的倾向，而医生首先要注意的是避免给他们提供自杀的借口。在治疗中，我给他们的建议是治疗中最重要的一个规则："绝对不要去做自己不喜欢的事。"这看起来是小事一桩，但我相信触及了问题的根本。如果忧郁症患者可以为所欲为地做任何事，他也就失去了指控对象。他们还要报复什么？我告诉她："如果你想去剧院，或者去度假，那就去。如果半路发现又不想去了，那就别勉强自己。"这是任何人都能做到的最佳对策，能够满足患者对优越感的需求。他们可以像上帝一样，做自己喜欢的任何事。但另一方面，这和他们的生活方式不符。他们想要控制并指责别人，如果别人百依百顺，也就没有这样干的必要了。这一办法一般相当有效，我的病人里没有自杀的。当然，最好有人监护这些病人，但我的病人都没有达到我要求的那样需要人紧密陪同，但只要有人在身边，就没有危险。

病人有时会回答说："可我什么都不想做。"这样的回答我听过太多，对此早有准备。我会这样对他们说："那就先别去做你喜欢做的事。"然而有时他们会说："我想整天躺在床上。"我知道，如果允许他们做，他们就不会想做，而当我阻止的话，他们就会坚持要做。因此我总是表示同意。这是规则之一。

还有一种对他们的生活方式最直接的攻击。我会告诉他们："如果你按照我说的做，你在两个星期内就会好起来。你要记住，每天都要去讨好别人！"要注意这件事对他们的意义。原先他们满脑子只有一件事，那就是怎样让别人烦恼。他们的答案是非常有趣的。有些人这样说："对我来说，这是轻而易举的事。我一辈子都在做这种事。"实际上并不是这样，他们只是在想当然。我就要求他们好好想想我说的，他们却根本不想。我就又告诉他们："你睡不着时，可以想想。你要怎样做才能让一个人高兴？这样一来，你的病就能恢复很多。"第二天我再见到他们，我会问他们："你照我说的做了没有？"他们会回答："昨晚我上床就睡着了。"当然，我这都是在友好、真诚的情形下做的，我完全没有对他们表现出有优越感。

也有人会回答："我做不到，我太担忧了。"

我就告诉他们："没关系，那就继续烦吧。你只要有空稍微想想别人就行。"我这样做是想让他们能把兴趣转移到他人身上去。许多人会说："我们干吗要讨好别人？他们又不来讨好我。"我就回答："你只要为自己的健康着想就好，别人以后也会得病的。"只有极少数病人会说："我认真想过你的建议。"我的所有努力都是为了增加病人的社会兴趣。我知道，造成他们的毛病的真正原因是缺乏合作意识，希望他们自己也能认识到这一点。一旦与人类伙伴建立起平等合作的关系，他们的病就能痊愈。

另外还有一种很典型的社会兴趣缺乏的例子，就是所谓"犯罪过失"。比如，一个人扔下一根燃烧着的火柴，引起一场森林大火。最近发生过一起案件，一个工人下班回家后，因上班时一时疏忽把一根电缆横放在马路上忘了清理，结果导致一位骑士绊倒死亡。在这两起案子中，肇事者都没有故意伤害的意图。从道德角度看，他们都不存在什么责任。但这两起案件中的肇事者都没接受过类似的安全意识的训练，不知道应该采取措施保护他人的安全。这是比较严重的缺乏合作的精神。还有一些常见的，比如儿童衣衫不整，踩踏他人的脚，损害公共物品等，总之是这类损人害己的行为。

对同伴的兴趣是在家庭和学校中培养出来的。我们已经提到了种种影响儿童发展的障碍。社会情感也许不是完全来自遗传，但它的潜能是先天获得性的。能影响这种潜能的因素有很多，但主要是父母对孩子兴趣培养的方式，以及孩子自身对环境的感觉与判断。如果一个孩子感觉到周围充满敌意，认为周围大多数人都是敌人的话，他就不得不采取防御手段来保护自己。这样的话，我们就很难期望他会把他人当作朋友。如果他认为周围的人都应该接受自己的控制，他也就不会想要对他人做出贡献。当他关心的只是自己的身体、感觉，那么他就已经退出了社会。

我们讨论过，为什么最好让孩子感到自己是家庭中平等的一员，并关心家庭其他成员。我们也强调过，双亲应该是好朋友，并要与外界保持着良好的友谊关系。因为只有这样，孩子才会觉得家庭之外的人也值得信任。我们还谈到过，在学校，孩子为什么应该觉得自己是班级的一员，其他同学都是自己的朋友，并值得信任。无论是家庭生活还是学校生活，都是为了将来进入社会做准备。目标只有一个，那就是把孩子培养成一个良好的公民，全体人类平等的一分子。只有这样，他才有勇气去面对可能遇到的问题，并加以解决。

如果能跟周围的人成为朋友，将会对工作与婚姻家庭都有很大的好处，自己的自卑感与挫折感也会得到改善。他会觉得自己是生活在一个自由而充满爱的世界，他眼里所看到的就会都是自己喜欢的人和事，在遇到困难时，就会有人和他一起分担。他会觉得："这是我的世界。我必须积极去行动，不能瞻前顾后、退缩不前。"他应该清楚地知道，现在只不过是漫长的人类历史长河中的一段，自己不过是这个由过去、现在、未来构成的历史的很小一部分。但与此同时，他也会感到，他所能参与其创造的，正是这个时代，并且也只能在这个时代对人类做出贡献。这世界的确存在着很多罪恶、不公、偏见、困难与悲哀，但它是我们的世界，它的优点缺点也都是属于我们的。这是一个我们必须加以改造的世界。我们可以肯定地说，如果每个人都能以正确的态度去担负起自己的责任，就不会有负于自己作为人类一员的身份。

担负起自己的职责，就意味着要以合作的态度和方式承担起生活中的三个问题。我们对于一个"人"的要求，以及能给予他的最高荣誉就是，他必须是一个好的工作者，是所有人都值得信任的朋友，是爱情与婚姻中的好伴侣。总而言之，他必须证明自己是对人类有价值的同伴。

第十二章　爱情和婚姻

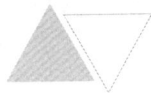

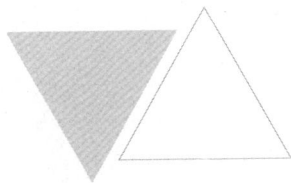

爱情与婚姻是为了全人类的利益之合作这个意义，它贯穿着这个主题的全部。即使是人类相互吸引中最重要的肉体的吸引，对人类也是必不可少的。

1. 爱情、婚姻是平等的合作关系

在德国的某一个地区，流传着一种古老的风俗，这种风俗是用来测试一对男女是否适合成为夫妻的。在结婚典礼前，新郎和新娘被带到一个广场上，在那里事先准备好了一棵被砍倒的大树。两人要用一把拉锯，把这棵树的树干锯成两段。通过这个实验，可以看出这两个人相互合作的意愿与达到的程度。这是一个需要两人同心协力才能完成好的工作，一旦两人中的一人无法做到尽心尽力，就很难完成。如果其中一人过于积极，而另一方过于谦让，他们的工作就会事倍功半。对这些德国乡间的农民来说，他们祖祖辈辈早就知道了婚姻首要的是合作。

如果有人问我爱情和婚姻的定义，我会这样回答他——

"爱情，以及其结果婚姻，是对异性伴侣最亲密的奉献。它通过身心的相互吸引，并拥有着共同生儿养女的意愿来体现。我们能很明显地看出，爱情与婚姻是合作的产物，这种合作不仅仅是为了两个人的幸福，同时也是为了全人类的利益与幸福。"

爱情与婚姻是为了全人类的利益而合作的意义，它贯穿着这个主题的全部。即使是人类相互吸引中最重要的肉体的吸引，对人类也是必不可少的。我经常这样说，因为人类生理上的局限，所以没有人能在这样一个贫瘠的地球上独自永恒地生存。想要保存人类种属的延续，唯一的办法就是依靠我们每个人的生育能力与相互间的肉体的吸引。

在今天这个时代，在爱情婚姻这个问题上，存在着各种不尽相同甚至对立的观点和因此产生的纷争。很多夫妻面临着这样那样的困难，父母不得不关心着他们，并由此对整个社会带来影响。我们想要找到这个问题的答案，就必须认真探讨并抛弃那些偏见。我们必须要忘掉我们所学过的事物，在探讨中，要尽可能地不要让自己的成见干扰与阻碍探讨的自由。

我这并不是在说，我们能把爱情和婚姻当作是一个孤立的问题来对待。任何人都不可能绝对孤立而只靠自己的想象解决问题。每个人都受着这样那样的约束，在一个相对固定的框架内发展。他不得不遵照这个框架的各种限制和规则来做出决定。这样的限定之所以会存在，首先是因为我们居住在这个宇宙中，而且一切的存在与发展都是基于这个前提的，都要受到所处环境的制约。其次是因为我们是生活在群体中的，必须要相互去适应他人的存在。最后是因为我们是由两性组成的种类，我们种属的未来是建立在两性的充分合作的基础之上的。

我们不难理解，如果一个人必须关心自己的同类以及全体人类的幸福，就要在做任何事情时，首先考虑到他人的利益与幸福，在爱情与婚姻问题上，不会做损害他人的事情。他可能不会想到自己是根据这种原则在行事，当你问他时，他也很可能说不清自己的生活目标，但他是出于本能地追求着人类的幸福与进步。从他的一举一动中都能看到，他正是根据这样的兴趣从事着自己的活动的。

有些人对人类的共同利益漠不关心。他们从来也不会问"我可以为他人做些什么"这样的问题，也不会关心"我对社会能做出什么贡献"或者"我要怎样做才能成为群体中良好的一分子"，而只是经常这样问："生活能给我什么？我得到了他人的关心与爱吗？我要为他人付出多少代价？其他人为我做了什么？"一个抱着这样的态度和观点的人，也会以这种态度来对待爱情与婚姻中遇到的问题。他会反复询问："它能带给我什么好处？"

有些心理学家认为，爱情是人类的本能。但事实并非如此。我们也许可以把性看作是一种本能，但爱情与婚姻绝不是这样简单的，不是单单为了满足性驱力而存在的。不管从哪个角度来看，我们的驱力或者本能都是经过了发展，才取得了很大进步，是在文化与文明的境况中的。我们的很多生物本能已经受到了社会因素的限定与制约。从他人那里我们学会了，要怎样才不会侵犯对方，不会引起对方的不满甚至愤怒。我们还学会了穿着打扮，有了礼仪规则。即使是在十分饥饿时，我们也不会不管不顾地去狼吞虎咽，而是在这时注意自己的行为是否符合社会常规礼仪。我们的本能欲望全都是基于我们的文明的，都可以看出是符合人类社会的共同利益的。

如果我们这样来理解爱情和婚姻问题，我们会再次发现，这总会牵涉所有人的利益、对全人类的兴趣等问题。这是一种最基本的兴趣。当我们认识到，爱情与婚姻问题是与人类社会的整体利益紧密联系在一起的，如果不能解决社会整体的问题，爱情与婚姻问题的任何讨论都是没有用处的。我们的婚姻制度也许存在着很多不足，也许我们需要改进它，也许我们能找到更好的答案。但即使我们能找到，这里所说的完好也是基于能更全面地照顾到。我们生活在地球上，必须与人相处，而且我们是由两性构成的，只有考虑到了这些，我们的答案才是有效的。

当我们选择这个研究方向时，我们在爱情问题上的第一个发现就是，爱情是两个人合作的产物。在多数情况下，最开始时对很多人来说，这都是一项全新的工作。我们在之前或多或少地受到过怎样独自工作的训练，也有过在群体中工作的经验。但通常情况下，我们很少会有两个人单独在一起生活、工作的经验，因此会出现一些新的困难。但如果这两个人都有过对同伴的兴趣，也有过与同伴相处的经历的话，这个问题就不会是无法解决的困难，因为这也是一种对他人的兴趣问题。

我们甚至可以这样说：在爱情与婚姻中想要解决两个人的合作问题，两个人中的每个人都要更关心对方才行。这甚至是构成爱情与婚姻的基础。由此我们可以看出，很多对婚姻的理解与建议，还有那些要求对婚姻制度的改革意见，所犯的是怎样的错误。如果两个人在一起，每个人都要比关心自己更关心对方，那么两人之间就会建立起真正的平等。只要我们都诚心诚意地为对方奉献出自己，就不会有人觉得自己是受制于对方，在两人的关系中处在弱势地位。在爱情与婚姻中，只有双方都持有这样的态度，平等才会出现。两个人都应该努力去使对方幸福，这样双方才会拥有安全感，会觉得自己是有价值的、是被需要的。

从这里，我们可以看出婚姻的基础所在，以及婚姻关系中的幸福所在。这种幸福的基本定义就是，你的存在对我的意义与价值，是任何他人都不可能替代的。配偶双方彼此需要，各自的所作所为显示出彼此是最良好的伴侣与朋友。

在需要合作的行为中，是不可能让一方接受从属位置的。只要任何一方想要占据支配地位，迫使对方服从自己，两个人都是不可能快乐幸福地在一起生活的。现在有很多男人（其实女人中也有很多）认为男性应该处于领袖的地位。他们需要独裁，这样才能成为一家之主。这正是今天我们会有这样多的不幸福的婚姻的一个主要原因，从来也没有谁能心平气和地接受低下的地位。爱情与婚姻中的伴侣之间需要的是平等，也只有在平等时，才能真正找出解决困难的办法。举例说，夫妻双方协商决定不要孩子。他们都知道，当自己决定不要孩子时，就是做出了对人类的未来有所影响的决定。双方也会对教育问题达成协议，在遇到问题时，会尽快加以解决，因为他们都知道，在不愉快的婚姻状态下生活的儿童，会受到不良的影响，身心都会痛苦。

2. 为爱情、婚姻做好准备

在当今社会，很少有人会为合作做好充分准备。我们的教育太注重个人成功，太强调获取而忽视了付出。但我们很清楚，在婚姻生活中，合作上或者对他人的关心了解上，任何失败都会导致很不幸的后果。很多人都是第一次经历这种事情，很难马上就习惯于去考虑对方的利益、目标、欲望、爱好等等。他们都没有做好解决共同生活与工作的准备。我们不必对我们所看到的大多数错误感到惊讶，我们应该面对现实，去学习如何在以后避免错误。

如果没能接受相应的训练，成年生活中出现的危机是很难应付的。我们一直都是按照我们的生活方式对遇到的问题做出应对。婚姻的准备并非是轻而易举的。我们可以从一个孩子的行为中，从他的态度、思想以及举止看出，他是在怎样训练自己去适应将要到来的成年生活的。一般人对待爱情的态度，主要的轮廓也是形成于五六岁时期。

在儿童时期，人就开始形成自己对未来的爱情与婚姻的展望。对此，我们绝不要以为孩子这样只是在表现跟成人一样的性冲动。他这样仅仅是在对生活的一方面做出去适应的决定而已。因为他感觉到了自己是这样的社会生活的一部分。爱情和生活都是他所处环境里的因素之一，这些因素是自然而然渗入到他对自己未来概念的形成中去的。他对这些必定会有某种感受与理解，也必须产生出立场。当儿童很早就显示出对异性的兴趣，甚至有了自己喜欢的对象时，绝对不应该认为这是一种错误、一种胡闹或是性早熟的症状，不要去嘲笑，而是应该理解这是人朝着爱情婚姻的必由之路而去的一个必不可少的步骤。不仅不该取笑，我们还应该认同孩子的看法，认为爱情是美妙的事情，是他应该准备去做的事情，也是全体人类需要去做的事情。只有这样才能在孩子心中形成这样的理想，使得他在将来能以正确的态度与方式去与另一个人交往。如此在将来我们会看到，我们的孩子会成为一夫一妻制的最积极的拥护者，就算一个孩子的父母的婚姻不是很幸福，也不会对他造成不好的影响。

我们不鼓励父母过早为孩子解释性关系，或者是过多地对他们讲述性知识。要知道，孩子对婚姻问题的看法是非常重要的，如果一开始教育的方式就错了，那会对孩子的将来造成很大的危害。我的经验告诉我，在四五岁这个年龄段就已经知道了成人性关系的孩子，以及那些有过早熟经验的孩子，在后来的生活中，都比较容易遭受爱情的伤害。对这样的孩子来说，身体的吸引还会代表着危险。如果孩子较为成熟后才初次接触到有关性的经验和知识，他就不会害怕。在正确地了解到了两性的关系后，犯错的可能性也会大幅度降低。帮助孩子的窍门是不对他撒谎，也不回避他的问题，而是去设法了解他的问题背后是什么，并只向他解释他希望了解，以及我们自己确实清楚他是可以了解的，绝不要告诉孩子们一些不确切的来自道听途说的东西，更不要对孩子们捏造有关性的知识，最好是让孩子们靠自己去独立了解和掌握他自己想要知道的知识。如果孩子们能与自己的父母彼此信任，他就会更少地受到困扰，会主动向父母询问自己想知道的知识。日常生活中还有一种迷信，认为孩子们会听从同伴的蛊惑误入歧途。至少我还没见到过一个很健全的孩子会因此成为受害者。孩子们并不会完全听信从同伴那听来的任何信息，他们绝大多数都拥有自己的判断力，假如听到的信息自己无法判断，他们就会去询问父母或者哥哥姐姐。当然，我也承认孩子有时候对一些事情，比自己的长辈要敏感，经常羞于启齿。

即使是成年人生活中的肉体吸引力，也是形成在儿童时期的。孩子们所得到的有关怜爱与吸引的对象，以及所处环境下异性给予他们的印象等，都是肉体吸引的开始。男孩子在从母亲、姐妹以及周围异性那里得到这些印象后，会在将来的生活中影响他对肉体吸引对象的选择。这种选择受到儿童时期环境的影响很大。有时这种影响也会来自艺术品。每个人都深受他自己的审美趣味的控制。从广义角度来看，个人的生活中是不存在选择的自由的，所有的选择都受到他成长过程的影响。我们的审美观一直都是以健康的感觉和人类的进步为基础的。我们所有的功能、所有的能力，都是按照这个方向形成的。我们没法回避，也没法弃之不顾。人们认为是美丽的那些东西，几乎都是有用和能不朽的事物。

有时候孩子与父母相处不是很好，尤其是男孩与母亲不和，女孩与父亲不和（在婚姻不是很和谐的状态下，这是很常见的），他们就会寻求和父母不同的类型当配偶。比如一个男孩的母亲是属于那类过于苛求的，如果这个男孩性格懦弱，经常受到他人的压制，那么那些看上去不是很强势的女性，才会对他有性吸引力。他很可能会因此犯错，在他寻找异性对象时，很可能只愿意寻找对自己顺服的类型，然而这很容易造成婚姻中的不平等。还有的时候，一个人会很愿意寻找一个看上去强壮的对象，目的也许是为了显示自己的强壮，也许是因为他认为她更具有挑战性，从而可以用来证明自己的强壮有力。如果他对自己父母之间的不和印象深刻，他对爱情和婚姻的准备就可能受到阻碍，甚至异性肉体对他的吸引力都会降低。这样的障碍种类很多，最严重的是完全排斥异性而成为性欲倒错者。

　　如果父母的婚姻生活很和谐，我们的婚姻标准就会相对良好。正是从自己父母的婚姻生活中，孩子得到了最开始的有关婚姻的印象。这也说明了为什么绝大多数失败者，会是出生在婚姻破裂或者不和谐的家庭。一对不能很好合作的父母，自然不能教给自己的孩子有效的合作。在看一个人是否适合结婚时，最常见的就是看这个人是生活在怎样的家庭中，他的父母、他的兄弟姐妹对待婚姻的态度等等。这里最重要的还是他是从哪开始对爱情与婚姻做准备的。我们知道，决定一个人的并非他的环境本身，而是他对环境的态度与看法。很有可能一个人在父母那得到过不愉快的成长经历，但这反倒刺激他努力去让自己的家庭生活美满。他很可能会为婚姻做更多的努力与准备。

因此，一个人的成长经历中是否有一个和谐美好的家庭，并非是他自己婚姻生活好坏的唯一标准。

如果一个人只顾自己的利益，这是最坏的情况。要是一个人养成了这样的习惯，他就总是为自己打算着，他会问自己能从某种生活中得到什么，会一直强调自己的自由与不受约束，而不会去考虑对方的利益与幸福。我们把这类人的行为称之为缘木求鱼，但这不是犯罪，仅仅是一种错误的方法。因此，在准备对爱情婚姻的态度时，我们不能只求自己的感受与如何少承担责任。爱情中要是存在犹豫与怀疑，爱情就不可能牢固。合作需要有坚定不变的决心，只有这样，才能获得真正的爱情与幸福的婚姻。不仅仅想要生儿育女，还要下决心好好地教育儿女，帮助他们获得合作的意愿与能力，使之能够成为一个对他人、对社会有用的人。美好的婚姻是我们养育人类未来一代的最好方法，所有婚姻都应该尊崇这一点。其实婚姻就是一项工作，有着自己的规则与要求，我们不可能只选择其中一部分，而回避其他部分，还能不损害人类社会的基本核心——合作。

假如我们把婚姻的责任与义务只局限在五年时间内，甚至把婚姻看作是一种试验，那么就不可能拥有真正的爱情。每个人如果在爱情与婚姻问题上都为自己留下退路，就不会全身心地投入进去。任何一种严肃而重要的生活，都不可能是预设退路的产物，从来也没有有限度的爱情。在爱情、婚姻问题上精于计算，还有那些急于逃离婚姻的人，都是在错误的道路上行走。一个人只要不想承担婚姻家庭的责任，想要逃避，就会导致对方采取同样的态度。我知道生活中存在很多很难解决的困难，这些困难使得很多人对自己的爱情、婚姻问题的解决，就算有心，也力不从心。但我们不能因此就逃避，我们该去做的是尽可能地消除生活中的这些不利因素。甜蜜的爱情需要真诚、忠诚、可靠、不保留、不自私，由此不难了解，如果一个人过于多疑，他就不适合爱情与婚姻生活。要是一对夫妻都决定保留自己的自由，真诚的爱情就不可能实现，这也不是爱情。在爱情中，我们并不是完全自由的，也不是可以随心所欲的。爱情中的每一个人都是要受到约束的。

3. 爱情、婚姻中需要注意的

我想接下来举几个例子说明：个人的独断专行对婚姻双方以及社会幸福的危害性。

记得这样一起案件。一对离过婚的男女组成了新的婚姻家庭，他们都属于知识层次很高的一类人，并且都希望自己的第二次婚姻能获得圆满。但问题是，他们始终没能弄清楚自己第一次婚姻失败的原因，他们只是想要补救，也根本没看出自己缺乏对社会的兴趣。这两个人都把自己看作是自由思想者，希望拥有不受约束的婚姻，以免对对方失去兴趣。他们在这第二次婚姻里约定，两个人都有行动的自由权利。大家可以干自己想干的事，而不需要顾及对方，但前提是要把自己干的事告诉对方。作为丈夫的在这点上看上去更有勇气，每次他回到家都会告诉妻子很多的风流韵事。而妻子也很喜欢听这些，并且还以自己丈夫的风流不羁为自豪。同时，她也开始想要学丈夫那样，建立起自己的婚外爱情，只是在这之前她患上了广场综合症。她不敢单独出门。这使得她不得不整天一个人待在家里。只要一走出家门，她就会感到难受，只能退回到家里。这种恐惧症看起来似乎像是她害怕做决定去建立那种婚外爱情关系，其实还有很深层次的原因。由于她没法单独出门，于是她的丈夫不得不陪在她身边。这可以看出，这种婚姻的逻辑是如何打破他们的决定的。这位丈夫由于不得不留在家里陪妻子，他所遵行的自由因此不得不失去。而妻子因为没法独自出门，所以也一样无法行使自己的自由权利。这位女性要是想要治好自己的病，她丈夫就得参与合作才行。

还有一些错误是在婚姻前的生活中就已经存在的。那些从小受到过度溺爱的人，在结婚后会经常觉得自己受到了忽视。因为他们从一开始就没想过要去适应生活。这类人在婚姻中还有可能成为暴君，虐待自己的伴侣，让他的伴侣感觉自己就像是在牢笼里生活，并预谋对抗。而当两个这样的人走到了一起，那就会有很多有趣的事情发生。两个人都会要求对方关心自己、关注自己，问题是两人谁都无法做到。接下来，他们就会寻求逃脱，例如，其中一个开始和其他人有了关系，想以此来获得更多关注。这些人里有很多无法从一个对象身上得到满足，他们会不断变换对象，有时甚至会同时爱上两个人。只有这样，他们才会感觉到自由，就这样，他们从一个人身边逃到另一个人身边，而且完全不想对爱情负责，最终的结果就是一无所有。

还有些人会幻想一种极度浪漫、理想却非人力所能及的爱情，然后自己沉浸在里面，完全忘记了现实。过高的爱情理想会是一种最好的爱情免疫方式，因为很难有能满足他们理想的对象存在。尤其是一些女性，由于成长过程中的一些偏差，促成了对自己的性别排斥的心理，不愿承担自己的性别角色。这样的人违背了自己的自然天性，不经过治疗，她们是无法承担婚姻任务的。这就是我说的"男性钦羡"。在我们的文化中，由于男性一直处在一个被高估的地位上，很容易导致此类错误的认知。如果一个孩子开始怀疑自己的性别，就不会有安全感。只要社会依然认为男性是居主导地位的，无论是男孩还是女孩，都避免不了这种对某个性别的羡慕。一些人会怀疑自己有能力来扮演自己的性别角色，会过度强调男性角色的重要性，这种对自己性别的不满现象，在当今我们的社会中很普遍。所有女性性冷淡和男性阳痿的病案里，都有可能是存在着这种性别角色的质疑。这类人的共同特点就是对爱情和婚姻的拒绝，而且拒绝的时期都是恰逢其时。除非真正具有男女平等的观念，否则很难避免类似现象的出现。要是人类只有其中一半人还具有对自己地位不满意的看法，婚姻就不可能完全成功。补救之道只有平等的教育，而且要从我们的孩子开始，就让他们对自己的性别角色有清晰的认知。

　　我还相信，婚前性关系的避免，是爱情、婚姻的一项最佳保证。我的研究发现，绝大多数男性不喜欢自己的妻子在婚前有过性关系。很多时候他们把这看作是不贞的表现，并为此感到震惊。要知道在我们的文化中，婚前拥有超出了友谊的异性关系，女性一方会付出更大的代价。要是促成婚姻的是恐惧而不是勇气，那也一样是一种沉重的负担。我们可以理解，勇气是合作的必要元素，男人或者女人若是因为恐惧不得不结合到一起，那么就不会对对方有真心的合作。那些跟社会地位不是很般配的婚姻也是这样。这样的婚姻中，总有一方是对爱情和婚姻深怀恐惧的，渴望得到自己的配偶尊敬和顺从自己的结果。

对培养出一个人的社会兴趣来说，友谊是一种很好的方法。友谊能教给我们坦诚，能让我们对他人推心置腹，并学会体会他人的情感。一个孩子是一直受到细心呵护，还是从一开始就缺少同伴、朋友，在以后会成为两类完全不同的人。如果一直都是以自己为中心，就会当自己是世界上唯一需要在意的人，会过度保护自己的利益。友谊还是婚前准备的一种很好的手段。在这里，我们可以把游戏看作是一种培养友谊和合作精神的很好的手段。但要注意的是，在孩子的游戏过程中，经常会出现与他人的竞争以及想要超过他人的欲望。布置一些能够让两个孩子一起游戏、阅读和学习的情景很有意义，比如舞蹈就是一种很有益的活动。当然这里指的并非表演性质的舞蹈。我们指的是那种专为孩子设计的简单舞蹈，这对身心的发展助益很大。

同时，职业问题也能帮助我们看出一个人是否已经做好了结婚准备。在今天，这是必须放在爱情、婚姻之前解决的问题。夫妻至少其中一人要有工作，这样才能获得经济上的保证。我们想要说的是，良好的婚姻准备，必须包括好的职业准备。

一个人接近异性时的勇气以及其合作程度很容易被他人看出来。每个人都有自己独特的接近异性的方法，他们的这种方式和其中展现出的气质，都来自他对生活的认识与选择的方式。在一个人对爱的追求中，能看出这个人是否认可人类的未来，对自己是否有信心，是否愿意合作，或者是相反，只对自己感兴趣，缺乏勇气并因此总是责难自己。他可以小心谨慎，也可能不顾一切，总之，一个人对爱的追求方式总是符合其生活态度与模式的。我们当然不能单凭一个人对爱的追求的形式，就断定这个人是否适合结婚，因为此时他是针对这一个单一明确的目标的，他很可能在别的场合显得优柔寡断，不过仍然能从中看出这个人的性格特点来。

我们的文化环境中（也只有在这种环境中），人们更多希望由男性来采取主动，表达爱慕。因此只要这种文化得不到改变，我们就必须要培养男孩子的男性化性格——主动、坚定、不畏惧失败。只是经验告诉我们，只有在他觉得自己这样做时，是作为社会的一分子，并感觉到这样做的影响与自己直接相关时，他们才愿意参与。当然女性也会参与追求爱的活动，她们也会采取主动，但文化让她们不得不让自己表现得保守一点。她们对异性的渴望通常会通过她们的穿着打扮展现，还有她们的神情。由此可见，男性接近女性是简单肤浅的，而女性则是深刻复杂的。

现在，我们可以展开进一步的讨论了。对配偶的性吸引力是必不可少的，但始终应该顺应人类幸福这个终极的目标。真正彼此感兴趣的伴侣间绝不会缺乏性吸引力。这一问题一旦出现，就意味着兴趣的缺失，说明一个人对自己的伴侣已不再感到能平等、友好地相处下去并携手合作。有时，人们也许会觉得彼此间还有兴趣，但吸引力消失了。这不可能是真的。嘴会说谎，心里也不见得明白，但身体的机能可以道出真相。如果性的方面出现问题，那一定是因为两人间并没有达成真正的协调。他们丧失了对彼此的兴趣，至少其中一个已经不再想要解决爱情和婚姻的问题，只是在寻求解脱。

与其他动物不同，人类的性动力是连续性的。这也是另一种确保人类幸福和繁衍的方式。人类正是依靠这一方式，才得以不断扩大种群数量，并能度过各种灭绝浩劫延续至今。而大自然赋予了其他动物以另外的方式来保证它们的生存，例如，我们发现许多动物由雌性产下为数众多的卵，虽然其中大部分在成熟前就遭到了损毁，但有一部分总能安然无恙。

人类通过生育来延续自己的种属，也是保护生命生存的一种策略。因此，在面对爱情和婚姻问题时，我们看到，那些发自内心关心人类幸福的人最可能要孩子，而那些有意无意对自己的同类没有兴趣的人则拒绝承担养育后代的责任。如果他们总是索取和期待，从不付出，他们自然不会喜欢孩子。他们只关心自己，将孩子视为负担和麻烦，视为某种会侵害自己利益的东西。可以说，爱情和婚姻的完美解决方案中，生儿育女的欲望和决心是必不可少的。可以说，婚姻是我们所知道的最好的养育下一代的方法，这是所有婚姻关系都必须要牢记的。

4. 婚姻生活的成功之道

在我们的实践和社会生活中，解决爱情和婚姻问题的最佳方案是一夫一妻制。这种关系需要诚挚的付出与对配偶的关注，因此真心想要开始这种关系的人就不会破坏其基础，而抱着随时准备逃离的心态。当然这不是说这种关系就不存在着破裂的可能，我们也永远没法避免它的破裂。所有企图避免婚姻破裂的方法中，最好的一种就是把爱情和婚姻当作是一种社会工作，是一种我们期待能解决的问题，之后我们才会想方设法来加以解决。这样的破裂之所以会经常发生，通常是源于配偶双方的不够努力，他们没有去创造属于自己的美好婚姻生活，而是等待想要从中得到的东西的到来。以这样的方式对待婚姻，婚姻的失败也是不可避免的。同时，过度理想化的爱情和婚姻，把它们想成是天堂一样美好的事物是错的，把恋爱看作史诗般一样也是错的。只有在两人正式结婚后，两人的各种关系才真正开始，婚姻关系的双方才开始真正面对这种生活，才有了为社会而创造的机会。

还有一种观点，将婚姻看作是某种结束，是一种终极目标，比如，有很多小说都是以新婚男女喜结良缘为结局，但那其实只是他们共同生活的开始，绝非小说描写给人的感觉，似乎结婚是所有问题都得到解决的时刻。还有一种我们必须给予认同的观点：爱情本身并不能解决所有问题。爱情的种类繁多，解决婚姻问题的最好办法，还是依赖工作、兴趣与合作。

爱情与婚姻关系没有神奇，正如我们所见，每个人对婚姻的态度都是他所选择的生活方式的呈现，因此，只有了解了一个人的为人，才能了解这个人对待爱情、婚姻的态度。这种态度总是跟一个人的各种努力与目标相一致的。由此，我们能理解为什么会有那么多的人，总在想着要寻求解脱与逃避。我相信很多人拥有我说的这种态度，这是一类被过度溺爱的孩子。这是我们社会中最危险的一种类型——这些在过度溺爱中长大的人，他们从四五岁开始，就有了固定的生活方式，并且始终抱着这样的观点——"我能得到想要的一切吗？"如果没有得到，他们就会认为生活是毫无意义的。"如果不能得到我想要的。"他们会这样问，"生活还有什么意义？"他们会因此变得悲观厌世，滋生出一种"求死愿望"。他们让自己变得神经质，从错误的生活方式中构建出一整套自己的生活哲学。他们觉得自己的错误观点是唯一正确的，因为这个世界压抑了他们的欲望与所需，所以他们必须要恨这个世界。而且他们一直都是被这样训练过来的。在他们唯一度过的那段美好时光里，他们就是能随心所欲地得到想要的任何东西。他们中一部分人会这样想——会哭的孩子有奶吃。他们认为只要自己发出抗议声，只要自己拒绝合作，那么就能得到想要的，至于息息相关的人类生活与他们毫无关系，眼中所有的只是自己的利益。就因为他们不愿意做任何付出，所以才最终变得贪得无厌。这样的人对待婚姻的方式通常都是浅尝辄止，他们想要的是实验性的婚姻，是露水夫妻式的关系，并随时准备着离婚。在结婚前，这类人就首先对自由和不忠实提出了诉求，但如果一个人对另一个人拥有真正的情感，他就会因为这种情感而有着相符的特征——他必须表现出真诚；他必须勇于承担责任；他必须让自己忠实可靠。我认为，所有不能成功拥有爱情生活、不能拥有成功的婚姻生活的人，在上述要求中，总会出现某一条的缺失或者错误。

对孩子的关系也是幸福必不可少的前提之一。如果婚姻不是以我所主张的这些观点作为基础，在抚养孩子上就会面临巨大的困难。如果作为父母的总在争吵，视自己的婚姻为儿戏，也不认为自己面临的问题能够得到解决，以使得他们的关系得以延续，这样的婚姻就不可能对孩子的成长有正面的帮助。

也许人们有很多不在一起生活的理由，也许在某些场合与时间还是分开为好，但谁才可以做出这样的决定呢？我们能够把这样的决定权交给那些自身都没受到过良好教育、完全不了解婚姻也是一项工作而且只知道关心自己利益的人吗？对离婚的看法，他们跟自己对结婚的看法是一样的，总是精于计算自己能从中得到什么好处。显然，这样的决定不能够让这样的人来做出。不是有很多人一而再地结婚又离婚，反复犯着同样的错误吗？那么究竟该由谁来做这样的决定？或许我们会这样想：在婚姻中出现了某些差错，那就应该让精神病学家来决定这个婚姻是否应该继续下去。这样对我们学者来讲是有一些困难的。我不清楚美国人是不是也这样想，至少在我们欧洲，大多数的精神病学家还是认为个人利益才是最重要的。因此在个案中他们受到他人的请教时，他们会劝那个人可以去找一个情人，认为这也许能解决问题。而我可以这样说，要不了多久他们就会改变主意。他们之所以给出这样的建议，完全是因为他们不了解这个问题的整体性，还有和我们这个世界上其他工作之间的不可分的紧密关系。这种关系是我一直希望你们特别要留意的。

当人们把婚姻看作是解决个人问题的方法时，也犯下了类似的错误。我还是对美国的情况不熟悉，我知道在我们欧洲，每当男孩或者女孩出现精神问题倾向时，那些精神病学家就会劝他们去找情人或开始新的性关系，也会给予成年人同样的建议。这实际上是在把爱情与婚姻看作是灵丹妙药，造成的结果是病人更加不知所措。爱情与婚姻问题最好的解决办法，是属于整体人格最完美的实现。没有任何别的人的行为，能比爱情与婚姻所涵盖的快乐更多，展现的生活的真实更丰富。我们绝不能把这个问题看作是一个小问题，也不能把它当作是救助罪犯、精神心理疾病患者的良方。那些精神心理疾病患者在适合拥有爱情和结婚前，一定得先接受治疗，不能让他们在还不具备应对婚姻的能力前，就随便进行，那样的结果只会是不幸。婚姻是一种高尚的理想，它的解决方案需要的是付出很多努力与创造，而这不是身心不健康的人能够承担得了的。

婚姻有时也会被指向不正当的目标。有人为了经济目的结婚，有人为了怜悯结婚，也有人结婚的目的是为了找一个仆人。这些都是婚姻所不能容忍的。我甚至听说，有些人结婚的目的是为了磨炼自己，这样的人很可能认为自己是一个很容易失败的人，如果最终真的失败了，他就可以以此理由原谅自己。所以，这是在用结婚给自己找麻烦，以便获得脱身之词。

我想要说的是，我们不但不应该小看爱情与婚姻的问题，而且还要将其看作是一个至关重要的问题。我所接触过的所有婚姻破裂案件，大多数真正受害的是女性。这当然与男性在我们的社会中占据更高地位有关。这是我们这个社会的一个错误，但不是能由个人来对抗并加以改造的。在婚姻问题上的个人对抗，总是会导致社会关系的损害。想要克服，只能首先认识清楚社会文化的特性，并针对性地去做出改变。我的一个学生，底特律的罗西教授（Professor Rasey）曾做过一个调查，发现 42% 的女性希望自己为男性，这充分表现出她们对自己的性别角色的不满意。人类中的一半对自己的身份地位感到沮丧与不满，并且对另一半享受到的自由权利感到不公平时，爱情与婚姻问题可能获得解决吗？在女性总是期待被他人轻视，相信自己就是男性的玩物，并把男性的不忠实看作是理所当然的事的情况下，我们能指望爱情与婚姻得到圆满解决吗？

从我们的讨论中，可以得出一个简单明了并且实用的结论。无论一夫多妻制还是一夫一妻制都并非人类的天性。但鉴于我们生活在地球这颗星球上，分为两种不同的性别，并且不得不和我们的同类平等交流这一事实，还有我们必须有效地去解决环境带给我们的三个生活问题的事实，都告诉我们：只有一夫一妻制才能使得个体在爱情与婚姻中，获得最高与最完美的发展。

关键词汇表

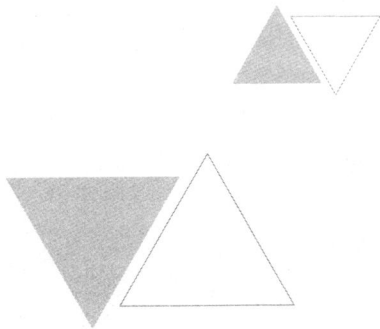

个体心理学（individual psychology）：一种将个人作为一个不可分割的整体、一个统一体、目标导向的自我，在正常健康状态下是社会的完整一员和人类关系的参与者的研究。

自卑情结（inferiority complex）：由自卑感或缺陷感引起的应激状态、心理逃避和对虚构的优越感的代偿性驱动力。

生活方式（life style）：个体心理学中的重要概念，由个体心理、信仰和对个体生活的个性化处理方式，以及他们性格中的统一特征共同构成。生活方式体现出对个人早期经验的创造性反馈，早期经验又反过来影响到他们对自己和对世界的观点以及他们的情感、动机和行动。

男性钦羡（masculine protest）：对我们社会中关于男性气概和女性气质的偏见的一种反应，可以发生在男、女两性身上。男人的行为可能含有对男性优势迷信需求的反抗；女人则可能是对贬低女性和施加在女性身上的枷锁的反抗。

误导行为（misguided behavior）：一种建立在错误的"私人逻辑"之上的、对缺陷感或不安全感的间接性补偿尝试。

器官自卑（organ inferiority）：生理缺陷或是弱点，经常会引发代偿行为。

异性（other sex）：阿德勒对"相反性别"的表述，强调男性和女性并非对立，而是互补的概念。

溺爱（pampering）：对孩子过度纵容或过度保护，会阻碍孩子自立能力、勇气、责任心和与他人合作能力的发展。

精神（psyche）：神智，包括意识和无意识两方面的整体人格，它指导个体的驱动力，赋予知觉和感觉意义，并且是产生需求和目标的源头。

社会情感（social feeling，或社会兴趣 social interest）：共同精神，人类的同舟共济感，标志着全体人类的积极社会关系。在阿德勒看来，这些关系要健康且具有建设性，必须包括平等、互惠，以及合作。社会情感开始于与同类的共鸣，发展成对基于合作与人人平等基础上的理想社会的追求。这一概念与阿德勒关于个人作为社会生物的观点一脉相承。

人生任务（tasks of life）：每个人都必须面对的三大类人

类经历——从事对社会有用的职业或工作、建立卓有成效的人际关系以及实现一个人在爱情、婚姻和家庭生活中的角色。

阿德勒年谱

1870 年 2 月 7 日出生于维也纳郊外一个犹太裔中产阶级的米谷商人之家。父亲李奥伯·阿德勒（Leopold Adler）祖籍伯琴兰（Burgen Land），家境富裕，在六个孩子中，阿尔弗雷德·阿德勒（Alfred Adler）排行第二。全家都热爱音乐。

1873 年，3 岁，阿德勒从小身体羸弱，患有佝偻症，行动笨拙，喉部也有缺陷。这一年他的弟弟睡在他身边时意外死亡，生性敏感的他了解到了死亡的滋味。

1875 年，5 岁，因肺炎几乎丧命，从此下决心将来要当一名医生。童年时代阿德勒在街上就遭遇两次车祸，使他对死亡的恐惧进一步加深。同时，他开始对音乐有了强烈兴趣，熟记许多歌剧的内容，并且爱花成癖。医生认为新鲜空气对他的佝偻病有益。这一年，他开始上学。

1880 年，10 岁，在野外游玩时不小心伤害到了同伴，以后他情愿待在家里读书。

1881 年，11 岁，进入中学。

1887 年，17 岁，高中毕业，进入维也纳大学攻读医学。

1895 年，25 岁，顺利通过考试，取得医学博士学位。医学课程中他最感兴趣的是病理解剖学。社会问题和社会情况也吸引了他的关注。

1897 年，27 岁，与来自俄国的留学生罗莎·蒂诺费佳娜（Raissa Tinofejewna）结婚。蒂诺费佳娜个性张扬、能言善辩并关心祖国的社会改革。两人个性、家境差异很大，初期虽有小摩擦，日后却能相敬如宾、白头偕老。

1898 年，28 岁，成为一名眼科医生，不久改行成为全科医生。对他来说，病人不只是一个病例，而是一个拥有完整人格的人。他开始探索人的人格、心理与身体。良好的诊断和渊博的学识，让他赢得了病人的信赖和称赞。阿德勒熟读弗洛伊德的名著《梦的解析》，深为折服。行医生涯中面对束手无策的糖尿病患者，他深有挫折感，在克劳夫特·艾斌斯（Krafft Ebings）的鼓励下，逐渐从普通医学转向神经医学。

1902 年，32 岁，由于他曾在维也纳一份著名刊物上写文章为弗洛伊德辩护，得到弗洛伊德的赏识，并写信给他邀请加入弗氏主持的讨论会，是年成为弗氏学派一员，很快就成为该学派的领军人物之一。继弗氏之后成为维也纳心理分析学会（Vienna Psychoanalytic Society）主席和《心理分析学刊》编辑。

1904 年，34 岁，发表第一篇心理学论文《教育家的医生》。

1907 年，37 岁，《器官缺陷的研究》出版。虽然此书仍受弗洛伊德的影响，但书中出现了许多新的概念。

1911 年，41 岁，弗洛伊德要求讨论会的成员无条件接受自己的性驱动理论。阿德勒反对弗洛伊德的心理玄学，主张从根本上限定压抑等机械概念。1910 年发表论文《自卑感》

和《男性的抗议》，进一步提出用作为过度补偿的男性的抗议来取代包括价值在内的整个内驱力概念。在某种意义上说，男性的抗议不久又被追求权力，也即追求优越所取代。阿德勒认为，个体在其统一和目标定向操作方面遵循着自我创造的生活规划，后来他称之为"生活方式"。内驱力、感觉、情绪、记忆、无意识等所有过程都从属于生活方式。

1912 年，42 岁，率领一群追随者退出心理分析学会，另组"自由心理分析研究学会"（Society for Free Psychoanalytic Research），并自称其研究为"个体心理学"（Individual Psychology）。

1920 年，50 岁，开始周游列国并讲学，一系列重要著作陆续出版。

1926 年，56 岁，第一次到美国，受到热烈欢迎。

1927 年，57 岁，受聘在美国哥伦比亚大学开讲座，并在一所"社会研究新学校"担任教授。

1932 年，62 岁，长岛医学院（Long Island College of Medicine）任命他为医学心理学客座教授。出版《自卑与超越》（原名《生活对你的意义》What Life Should Mean to You）。

1934 年，64 岁，和夫人定居美国纽约。在 1935 年，创办了《国际个体心理学学刊》（International Journal of Individual Psychology）。出版著作除《自卑与超越》外，还有《了解人类的性情》《问题孩童》《优越感与社会兴趣》《阿德勒的个体心理学》和《自卑与生活》（原名《生活的科学》The Science of Living）。

1937 年，67 岁，回欧洲讲学。由于过度劳累导致心脏病突发，于苏格兰亚伯丁市（Aberdeen）去世，享年 67 岁。

上架建议　心理学

ISBN 978-7-5500-3988-9

9 787550 039889 >

定价: 39.80元